Europäische Hochschulschriften

Friedrich Pfurtscheller

Die Privilegierung des Zisterzienserordens im Rahmen der allgemeinen Schutz- und Exemtionsgeschichte vom Anfang bis zur Bulle „Parvus Fons" (1265).

Ein Überblick unter besonderer Berücksichtigung von Schreibers „Kurie und Kloster im 12. Jahrhundert".

Herbert Lang Bern
Peter Lang Frankfurt/M.

Friedrich Pfurtscheller

Die Privilegierung des Zisterzienserordens im Rahmen
der allgemeinen Schutz- und Exemtionsgeschichte
vom Anfang bis zur Bulle „Parvus Fons" (1265).

Ein Überblick unter besonderer Berücksichtigung
von Schreibers „Kurie und Kloster im 12. Jahrhundert".

Europäische Hochschulschriften

Publications Universitaires Européennes
European University Papers

Reihe XXIII
Theologie

Série XXIII   Series XXIII
Théologie
Theology

Bd./vol. 13

Friedrich Pfurtscheller

Die Privilegierung des Zisterzienserordens im Rahmen der allgemeinen Schutz- und Exemtionsgeschichte vom Anfang bis zur Bulle „Parvus Fons" (1265).

Ein Überblick unter besonderer Berücksichtigung von Schreibers „Kurie und Kloster im 12. Jahrhundert".

Herbert Lang Bern
Peter Lang Frankfurt/M.
1972

Friedrich Pfurtscheller

Die Privilegierung des Zisterzienserordens im Rahmen der allgemeinen Schutz- und Exemtionsgeschichte vom Anfang bis zur Bulle „Parvus Fons" (1265).

Ein Überblick unter besonderer Berücksichtigung von Schreibers „Kurie und Kloster im 12. Jahrhundert".

Herbert Lang Bern
Peter Lang Frankfurt/M.
1972

Ab Manuskript des Autors gedruckt
©
ISBN 3 261 00821 0
Peter Lang GmbH, Frankfurt/M. (BRD)
Herbert Lang & Cie AG, Bern (Schweiz)
1972. Alle Rechte vorbehalten.
Nachdruck oder Vervielfältigung, auch auszugsweise, in allen Formen wie Mikrofilm, Xerographie, Mikrofiche, Mikrocard, Offset verboten.
Herstellung: fotokop wilhelm weihert, Darmstadt

BX 3406.2 .P48

DIE PRIVILEGIERUNG DES ZISTERZIENSERORDENS
IM RAHMEN DER ALLGEMEINEN SCHUTZ- UND EXEMTIONSGESCHICH-
TE VOM ANFANG BIS ZUR BULLE 'PARVUS FONS' (1265)

Ein Überblick mit besonderer Berücksichtigung von Schreibers "Kurie und Kloster im 12. Jahrhundert."

I. DIE MATERIELLRECHTLICHE SICHERUNG DES KLOSTERS.

1. **Das Schutzinstitut vor dem 12. Jahrhundert.** (1)
   a) Der Königsschutz und der bischöfliche Schutz. (1)
   b) Der päpstliche Schutz. (4)
      Das Formular - Begriffe - Aufbau - Inhalt - Wiederholungen.
   c) Formen. (10)
      Das päpstliche Eigenkloster - Das nichttradierte Kloster.

2. **Das Schutzinstitut im 12. Jh.**
   a) Allgemeine Charakteristik. (16)
   b) Besondere Merkmale. (17)
      Inhaltliche Erweiterung des Schutzbriefes - Steigerung der Anzahl der ausgestellten Schutzbriefe - Verallgemeinerung der Grundformel - Extensive Interpretation.

3. **Entwicklung der Einzelelemente des Schutzinstitutes im Zisterzienserorden.** (24)
   a) Der Zehnt. (24)
      Die päpstliche Zehntpolitik im 12. Jahrhundert -
      - Die Zehntfreiheit des Zisterzienserordens -
      - Das Bezehntungsrecht im Zisterzienserorden.
   b) Das Recht, unmittelbar in Rom Klage zu führen. (32)
   c) Abgabenschutz. (33)

II. DIE EXEMTION VON DER GEISTLICHEN GEWALT DES BISCHOFS.

1. **Das Aufsichtsrecht des Bischofs**
   a) Synodale Bestimmungen. (37)
   b) Ursachen der Befreiung. (42)
   c) Scheidung der Zuständigkeiten. (43)
   d) Der päpstliche Schutz und das Aufsichtsrecht. (44)

2. Der Begriff der Exemtion. (45)
  a) Exemtion als Befreiung von der "Strafgewalt" des Bischofs. (46)
  b) Exemtion als Befreiung von der Jurisdiktion des Bischofs. (51)
3. Mittelbare Kriterien der Exemtion. (56)
  a) "Libertas" (56)
  b) "Tutela specialis" (60)
  c) "Nullo mediante" (61)
  d) "Salva sedis apostolicae auctoritate" (62)

III. DIE PRIVILEGIERUNG DES ZISTERZIENSERORDENS.

1. Grundlage und verfassungsmässige Sicherung. (67)
  a) Die Observanz im Neukloster. (67)
  b) Das Paschalprivileg. (69)
    Die Bittschriften - Das Privileg - Die Bedingungsklausel
2. Sicherung der Observanz durch eine Ordensverfassung. (75)
  a) Die Calixtusbulle (1119) (75)
  b) Die "Carta Caritatis". Entwicklung:
    CC primitiva - CC 1 - SCC - CC 2. - Chronologie der CC. (77)
  c) Weitere Bestätigungen der CC. (84)
3. "Libertates ordinis Cisterciensis" (87)
  a) Das freie Abtwahlrecht. (88)
  b) Freiheiten in Bezug auf die Weihegewalt. (92)
    Abtsbenediktion - Priesterweihe und andere Bischofsrechte.
  c) Freiheiten von der Jurisdiktion des Bischofs. (95)
    Die Jurisdiktionsträger innerhalb des Ordens (Abt von Citeaux, Generalkapitel, Väteräbte und Äbte.)
    - Befreiung von der Diözesansynode - Befreiung von der bischöflichen Visitation - Befreiung von der Strafgewalt des Bischofs: indirekt; direkt (Bulle Eugens III., Alexander III., Lucius III.) - Bestätigung und Ausdehnung auf die Klosterfamilie (im 13. Jh.)
    - Befreiung von der richterlichen Gewalt des Bischofs.

- Der Obödienzeid.
d) Privilegien der Jurisdiktion für den Orden. (130)
   (Im Hinblick auf den Konvent - im Hinblick auf
   die Klosterfamilie im weiteren Sinne.
e) Die ominöse Bulle von 1161 (?). (137)
   Quellen - Äußere Kriterien - Innere Kriterien.
4. A l l g e m e i n e B e s t ä t i g u n g e n d e r
   F r e i h e i t e n d e s O r d e n s. (145)
5. R ü c k b l i c k. (146)

E I N L E I T U N G

Die vorliegende Arbeit beschäftigt sich mit den Privilegien des Zisterzienserordens, wie sie von den Päpsten bis zur Reformbulle von 1265 gewährt wurden. Diese Privilegierung trachtet die Abhandlung aber nicht für sich, sondern bewußt im Rahmen der sonderrechtschaffenden päpstlichen Verfügungen zu sehen, die vor unserem Zeitraum meist in Form von Schutzbullen ergingen, in unserem Zeitraum aber immer mehr zu Privilegienbullen werden, die schließlich in ausgesprochene Exemtionsbullen übergingen.

Da nun über diesen Problemkreis eine grundlegende Arbeit vorliegt, die in meisterhafter Form ein Riesenmaterial verarbeitet hat, deren aufgezeigte Grundlinien bis heute Gültigkeit haben und sehr oft zum Beweis herangezogen werden, andererseits aber seit dem Erscheinen des Werkes auch manche Kritik, sogar in wesentlichen Punkten, geübt wurde, schien es sinnvoll, dieses Werk besonders zu berücksichtigen. Es handelt sich um G. Schreibers "Kurie und Kloster im 12. Jahrhundert". Von anderen Aufsätzen desselben Verfassers wurden besonders die "Studien zur Exemtionsgeschichte der Zisterzienser" herangezogen. Das Bild von der Schutzentwicklung abzurunden, dienten die Ergebnisse anderer Arbeiten. Dieser Teil, der gleichsam den Hintergrund und Ausgang der ganzen Privilegienentwikklung deutlich machen soll, bildet den ersten Teil. Er führt zugleich an das Gründungsjahr von Citeaux heran (1098), zur Erteilung der ersten Schutzbulle (1100) und zur materiellrechtlichen Sicherung und Privilegierung Citeaux' und seiner Tochtergründungen.

Ein zweiter Teil sucht den Willen der päpstlichen Klosterpolitik zu ergründen im Hinblick auf deren Stellung zur geistlichen Gewalt des Bischofs. Ein Rückgriff auf die ältesten päpstlichen Entscheidungen und synodalen Beschlüsse schien am besten geeignet, Grundlinien aufzuzeigen. Tatsächlich offenbaren sich so manche Privilegien bzw. Freiheiten von der geistlichen Gewalt des Bischofs als kryptogames, uraltes Kirchenrecht, das nur durch das stark eigenkirchliche Denken und durch Vermengung echter Bischofsrechte mit eigenkirchlich angehauchten materiell-rechtlichen Fragen unterdrückt worden war. Die Parallele zwischen den Klostergesetzen der Synode von Rom (601) und päpstlichen Privilegienbullen an den Orden ist auffallend.

Der Gipfel jeder Privilegierung ist die Exemtion. Da der Begriff Schreibers gerade bezüglich der Zisterzienserprivilegienentwicklung Schwierigkeiten mit sich bringt, mußten wir näher auf ihn eingehen. Ebenso auf die mit ihm zusammenhängenden Begriffe, die sich immer wider in Privilegienbullen finden. So gewiß Schutz und Exemtion theoretisch miteinander nichts zu tun haben (später von Innozenz IV. festgestellt: 1 in VI° 5, 12), so sicher zeigt sich, daß beide Institute, besonders im 12. Jahrhundert, einander beeinflussen: Der Schutz wird praktisch zur Vorstufe der Exemtion. Die Brücke bildet das Strafrecht; an sich eine geistliche Gewalt des Bischofs, muß sie zumindest streng kirchenrechtlich - schon vor der materiellrechtlichen Privilegierung durch den Papst zurücktreten. Die extensive Interpretion sucht im 12. Jahrhundert über diese Brücke grössere Freiheit zu erlangen.
Schreiber erhebt die Strafgewalt zur Substanz der Exemtion,

der gegenüber jedes hinzukommende Privileg accidens physicum ist, insofern es die Hauptprivilegierung abrundet, accidens logicum, insofern andere Privilegien eine Art Anzeigefunktion der Exemtion-Befreiung von der Strafgewalt des Bischofs ausüben können. Jeden Zusammenhang mit dem Schutz weist er entschieden zurück. Wir verdanken Mathis (4f) den Hinweis, daß diese Auffassung gerade bei der Privilegiengeschichte der Zisterzienser zu groben Unstimmigkeiten führt.

Der dritte Teil endlich bildet den Kern der vorgelegten Arbeit: Die Privilegierung des Zisterzienserordens; gemeint ist vor allem das Privileg gegenüber der geistlichen Gewalt des Bischofs, später auch der des Legaten. Die Privilegierung durch die weltliche Gewalt bleibt unberücksichtigt. Dem Hauptakzent der Arbeit gemäß wurden hier auch, soweit möglich, die päpstlichen Dokumente selbst herangezogen, sei es in Bullenform, sei es in Regestenform. Da auch mitunter Wiederholungsbullen nicht unwichtig sind, wurden auch sie in die Untersuchung einbezogen. Hierbei leisteten die Regestensammlungen Jaffé und Potthast große Dienste. Sie wurden durchgesehen, aber nur Bullen an den Gesamtorden berücksichtigt mit einigen Ausnahmen. Ebenso die freilich lückenhaften Ordensbullarien. Manrique erwies sich weiter als reiche Quelle. Vereinzelt konnten wir dank des regen Interesses des Stiftsbibliothekars von Stams, H. P. Maurus Grebenc, auch Handschriften aus dem Stamser Stiftsarchiv beibringen. Ihm schulden wir Auffindung und Abschrift. Fragen der Diplomatik konnten wir sonst nur selten aufgreifen.

Im großen und ganzen ist die rechtsgeschichtliche Bearbeitung der Zisterzienserprivilegierung erstaunlicherweise noch ziemlich unbebautes Neuland. Schon deshalb kann die vorliegende Arbeit keinen Anspruch auf Vollständigkeit erheben. Voraussetzung wäre, wie schon Janauschek es aussprach, ein vollständiges Ordensbullarium. Die Rechtstexte müßten kritisch gesichtet werden. Die Bullen an die Einzelhäuser müßten wenigstens zum Teil berücksichtigt werden. Der übrige kuriale Briefverkehr könnte das Bild von der privilegienrechtlichen Stellung des Ordens abrunden.

Dennoch glauben wir, vermag unser Überblick einige Grundlinien aufzuzeigen, die sich auf dem Hintergrund der allgemeinen Entwicklung noch stärker abheben. Sie erweisen den neuen Sproß monastischen Lebens als echte Reform, die eine ungeahnte gesetzgeberische Kraft entfaltete, dabei aber mit solcher Klugheit zu Werke ging, daß es ihr gelang, dem Bischof die schuldige Unterwerfung zu zollen, dennoch aber ein starkes interdiözesanes Band zu knüpfen und ihre Eigenständigkeit zu wahren. Dies wäre aber eine taube Nuß geblieben, hätte diese kraftvolle Organisation und die immer wachsame Gesetzgebung nicht ein ihr teures Vermächtnis zu schützen gehabt: den unbeugsamen Willen, die "puritas regulae", die in Citeaux Wurzel geschlagen hatte, zu leben und weiterzutragen. Das ist auch der Leitstern der ganzen päpstlichen Privilegierung, darauf beruft sich der Papst immer wieder, wenn zu gewissen Zeiten Bulle auf Bulle die päpstliche Kanzlei verläßt.

Zu Unrecht wurde behauptet, die starke Privilegierung und damit die Gunst des Papstes sei dem Orden schließlich zum Verhängnis geworden. Das gilt auf keinen Fall für unseren Zeitraum. Hinter diesen Behauptungen schlummert eine Voraussetzung, die wohl für die Privilegierung in losem Verband stehender oder einzeln lebender Klöster zutrifft, in der sich aber gerade der in einem abgewogenen Zentralismus organisierte junge Orden privilegienrechtlich unterschied. Das privilegienrechtliche Wachstum jener war zumeist Kumulation, dieses aber Konfirmation, bei jenen "neue Freiheit", bei diesem "alte Freiheit", bei jenen "Privilegierung", bei diesem "Bestätigung": Kurz, was in der Observanz von Citeaux grundgelegt, in der Carta Caritatis verfassungsmäßig untermauert worden war, das wurde in der Verteidigung privilegienrechtlich entfaltet. Es ist bezeichnend, daß Eugen III. in der zweiten Bestätigungsbulle der Carta Caritatis dem Orden gleichsam einen Blankoscheck ausstellen konnte: Er bestätige alles, was sie "intuitu religionis" beschlossen hätten; und nicht nur er, auch seine Nachfolger. Gewiß, das ist nicht die einzige Schicht von "Zisterzienserprivilegien". Eine andere haben wir bereits als kryptogames allgemeines Kirchenrecht gekennzeichnet. Eine dritte Schicht endlich ist echtes Sonderrecht, und selbst das erlangte man nur deshalb, weil die Ritterorden stürmisch nach Freiheit drängend eine Gasse gehauen hatten oder der junge Franziskanerorden den Pfarrzwang zu sprengen begann. So unbeugsam der Orden an seiner inneren Freiheit festhielt, so streng enthielt er sich - zumindest in seiner gesetzgebenden Körperschaft, dem Generalkapitel - der seelsorglichen Konkurrenz gegenüber der Diözese. Gleichsam Symbol dieser Grundhaltung war ein Beschluß, der sich schon in den Statuten Alberichs findet: In den sumpfigen, entlegenen Talniederungen zu bauen. Und wenn die Päpste fast stereotyp die Forderung wiederholten, daß Bischöfe und Orden das zu beobachten hätten, "quod ab origine noscitur institutum", wenn sie anderseits immer wieder auf die "bisherige Freiheit" hinwiesen, so waren das offenbar zwei komplementäre Rechtselemente, die in gesunder Fruchtbarkeit sich ungeahnt entwickelten und die Struktur des ganzen Ordenswesens wesentlich beeinflußten, wenn nicht sogar ihm damals schon in den Grundzügen seine heutige Gestalt gaben. So konnte Innozenz IV. - mehr oder weniger wiederholend - sagen: "Der Orden soll auch in Hinkunft frei sein, der Wirkung der heiligen Handlung (der Visitation) wegen habe es bisher nie einer Fremdvisitation bedurft, ja, von ihm hätten andere die Wohltat einer Erneuerung erfahren."

Verzeichnung der Abkürzungen

1.

AnOCist	=	Analecta Sacri Ordinis Cisterciensis. Rom 1945 ff.
AkathKR	=	Archiv für katholisches Kirchenrecht
Cist	=	Cistercienser Chronik. Bregenz/Mehrerau 1889 ff
CC1	=	Carta Caritatis prior. Hg. von Turk (siehe Quellen)
CC2	=	Carta Caritatis posterior. Ebda
EM	=	Exordium Magnum. Hg. von Grießer (siehe Quellen)
EP	=	Exordium Parvum (Exordium Cisterciensis Coenobii Hg. von Noschitzka (nach Codex Labacensis 31)
LThK	=	Lexikon für Theologie und Kirche, Freiburg 1957 - 1965
SCC	=	Summa Cartae Caritatis. Hg. v. Hümpfner
StuduM	=	Studien und Mitteilungen, Brünn 1880 ff
ZSavRGkan	=	Zeitung der Savigny-Stiftung für Rechtsgeschichte, kanonistische Abteilung, 1911 ff

2.

<u>Canivez</u> 1154,25 bedeutet: Statut aus Canivez, Statuta capituli Generalis, Jahr 1154, Nummer 25.

<u>Canivez</u> VIII, "episcopus" = Band VIII desselben Werkes (Registerband) Stichwort "episcopus".

Verzeichnis der Quellen

Canivez	= J. M. Canivez, Statuta Capitulorum Generalium O. Cist. ab anno 1116-1786 8Bde. Louvain 1933-1941.
Collecta	= Jean de Ciry SOC, Collecta quorundam privilegiorum O. Cist. Dijon 1491
Compilatio	= Louis Meschet, Privilèges de L'ordre de Cisteaux, recueillis et compilés de l'autorité du Chapitre Général et par son ordre exprés. Paris 1713.
Friedberg	= Friedberg, Corpus iuris canonici 2 Bde. Leipzig 1879-81.
Grießer	= Bruno Grießer, Exordium Magnum Cisterciense sive de initio Cisterciensis ordinis (Series scriptorum S. Ordinis Cisterciensis 2) Rom 1961.
Hefele	= C. J. v. Hefele, Conziliengeschichte (9 Bde.) Freiburg i. Br. II^2 1875; III 1858; IV 1860; V^2 1886.
Henriquez	= Chrysostomus Henriquez, Regula, constitutiones et privilegia O. Cist. Antverpiae 1630.
Hümpfner	= Tiburtius Hümpfner, Exordium Cistertii cum Summa Cartae Caritatis et fundatio primarum quattuor filiarum Cistercii. Vác 1932.
Jaffé	= Ph. Jaffé, Regesta pontificum Romanorum ad a. p. Chr. n. MCXCVIII, überarbeitet von S. Löwenfeld, F. Kaltenbrunner u. P. Ewald, 2 Bde. Leipzig^2 1881-88.
Janauschek	= Leopold Janauschek, Originum Cisterciensium tomus I. Vindobonae 1877
Lefèvre	= J. A. Lefèvre, Une Bulle inconnue d'Alexandre III dans le Ms Dijon 87: Cist 62 (1955) 1-8.
Manrique	= Angelus Manrique, Cisterciensium seu verius ecclesiasticorum annalium tomi 1-4. Lugduni 1642.

Mansi	= J. D. Mansi, Sacrorum conciliorum nova et amplissima collectio 31 Bde. Florenz-Venedig 1757-98.
Marilier	= J. Marilier, Chartes et documents concernant L'abbaye de Citeaux 1098-1182 (Bibliotheca Cisterciensis Bd. 1). Rom 1961.
Migne	= Patrologiae cursus completus, series latina 217 Bde.
Miraeus	= Aubertus Miraeus (Le Mire), Chronicon Cisterciensis ordinis. Coloniae Agrippinae 1614.
Noschitzka	= Canisius Noschitzka, Codex manuscriptus 31 bibliothecae Universitatis Labacensis: AnO - Cist 6 (1950) 1-124.
Nomasticon	= Nomasticon Cisterciense seu antiquiores ordinis Cisterciensis constitutiones a R. P. D. Juliano Paris, monasterii Fulcardimontis strictioris observantiae eiusdem ordinis abbate et Sacrae Facultatis Parisiensis doctore, collectae ac notis et observationibus adornatae. Parisiis 1664.
Pflugk-Harttung	= Julius v. Pflugk-Harttung, Acta Romanorum pontificum inedita. Tübingen I 1881, II 1884, III 1888.
Potthast	= Augustus Potthast, Regesta pontificum Romanorum inde ab a. post Christum natum MCXCVIII ad a. MCCCIV 2 Bde. Berolini I 1874, II 1875.
Stams	= Archiv des Zisterzienserstiftes Stams: Hs 8, Regestum Rotularum Appensarum Tabularii Stamsensis Classis H (continet privilegia ecclesiastica monasterii Stamsensis) Hs 20, Libellus statutorum ordinis Cisterziensis (um 1280)
Tangl	= Michael Tangl, Die päpstlichen Kanzleiordnungen von 1200-1500, Abschnitt IV: Formulae. Inns-

Turk	bruck 1894. = Charta Caritatis prior: AnOCist 1 (1945) 52 - 56. Charta Caritatis posterior: ebda 57-61. Beides in einem Sonderdruck, aus dem auch hier zitiert wird. Rom 1945.
Van Damme	= Jean-B. Van Damme OCR, La Constitution Cistercienne de 1165: AnOCist 19 (1963) 51-104.

V e r z e i c h n i s   d e r   L i t e r a t u r

Baronius	= Caesar Baronius, Annales Ecclesiastici Bd.19. Lucca 1746.
Benz	= Adalgott Benz, Die Cistercienser Bullarien: Cist 26 (1914) 257-267. 302-309. 327-334.
Blumenstok	= Alfred Blumenstok, Der päpstliche Schutz im Mittelalter. Innsbruck 1890.
Bock	= Les codifications du droit Cistercien, Westmalle 1955. (Sonderdruck aus Collectaneae OCR, Juli 1947 - September 1955).
Brandi	= K. Brandi, Besprechung des Buches "Kurie und Kloster" von Schreiber G.: ZSavRGkan 2 (1912) 399ff
Burghoff	= Hilger Burghoff, Elucidatio exemptionis et jurisdictionis SOC. Pragae 1654.
Butler	= C. Butler, Benediktinisches Mönchtum. Studien über benediktinisches Leben und die Regel St. Benedikt. Authorisierte deutsche Übersetzung St. Ottilien 1929.
Chopin	= René Chopin, De sacra politia forensi libri tres. Paris 1577. ^{3} 1624 (diese Ausgabe stand uns zur Verfügung).
	= René Chopin, Monasticon seu de jure coenobitarum libri duo. Paris 1601. ^{2}1624 (aus dem wir zitieren). ^{3}1635. ^{4}1709.
Daux	= C. Daux, La protection au Moyenâge: Revue

                                des questions historiqués nouvelle série 37
                                (1902) 5ff
Du Cange   = Glossarium ad scriptores mediae et infimae
                                latinitatis 10 Bde, London ²1849 (bearbeitet
                                von Favre)
Frech   = Walter Frech, Das Beichtrecht im Zisterzien-
                                serorden: AnOCist 20 (1964) 3-49.
Gerards   = Alberich Gerards, Wirtschaftliche Hinter-
                                gründe zur Zeit der Gründung des Cistercien-
                                serordens: Cist 58 (1951) 65-79.
Griesser   = Bruno Griesser, Eine juridische Instruktion
                                über das Vorgehen bei einer Klosterreform in
                                päpstlichem Auftrag: ZSavRGkan 39 (1953)
                                434-442.
                    = Bruno Griesser, Die Wirtschaftsordnung des
                                Abtes Stephan Lexington für das Kloster Sa-
                                vigny (1230): Cist 58 (1951) 13-28.
Grill   = Severin Grill, Der erste Reformversuch im Ci-
                                stercienserorden Cist 36 (1924) 25-32. 45-55.
                                68-72.
Grill   = Leopold Grill, Der hl. Bernhard als bisher
                                unerkannter Verfasser des Exordium Cistercii
                                und der Summa Cartae Caritatis: Cist 66
                                (1959) 43-57.
Hallinger   = Kassius Hallinger OSB, Woher kommen die Lai-
                                enbrüder? AnOCist 12 (1956) 1-104.
Hermans   = Vincentius Hermans, Commentarium Cistercien-
                                se historicopracticum in codicis canones de
                                religiosis. Ad usum Ordinis Cisterciensis.
                                Romae 1961
Hirsch   = H. Hirsch, Die Klosterimmunität seit dem In-
                                vestiturstreit. Weimar 1913.
Hoffmann   = Eberhard Hoffmann, Die Stellungnahme der Ci-
                                stercienser zum kirchl. Zehntrecht im 12.
                                Jahrhundert: StuduM 33 (1912) 421-449.

Hofmeister	= Philipp Hofmeister, Das Beichtrecht der männlichen und weiblichen Ordensleute (Münchner Theologische Studien 3 (1954) Bd.6.
Hüfner	= A. Hüfner, Das Rechtsinstitut der klösterlichen Exemtion in der abendländischen Kirche. Mainz 1907
Koendig	= Raphael Koendig, Elenchus privilegiorum regularium tam mendicantium quam non mendicantium, maxime Cisterciensium. Coloniae 1729.
Lefèvre	= J. A. Lefèvre, La bulle "Apostolicae Sedis" pour Citeaux avait-elle une souscription longue?
Lekai	= J. L. Lekai SOC, Geschichte und Wirken der weißen Mönche. Der Orden der Cistercienser. Deutsche Ausgabe von A. Schneider. Köln 1958.
Lortz	= Joseph Lortz, Geschichte der Kirche in ideengeschichtlicher Betrachtung, 2 Bde. Münster ^{21}1962
Mahn	= Jean-Berthold Mahn, L'ordre Cistercien et son gouvernement des origines au milieu du XIIIe siècle (1098-1265). Paris 1945.
Mathis	= Die Privilegien des Franziskanerordens bis zum Konzil von Vienne (1311) im Zusammenhang mit dem Privilegienrecht der früheren Orden dargestellt. Paderborn 1928.
Mitterer	= Sigisbert Mitterer, Die Cistercienser im Kirchenstreit zwischen Papst Alexander III. und Kaiser Friedrich I. Barbarossa. Eine kirchengeschichtliche Untersuchung: Cist 34 (1922) 1-8. 21-26. 35-40.
Müller	= Gregor Müller, Citeaux unter dem Abte Alberich (1099-1109): Cist (1909) 1-12. 41-50. 75-83. 109-118. 140-153.
	= Derselbe, Vom Cistercienserorden. Bregenz 1927.

	= Derselbe, Von den Siegeln im Orden: Cist 31 (1919) 1-11. 23-27.
Muschard	= Muschard, Das Kirchenrecht bei den deutschen Benediktinern und Cisterciensern: StuduM 47 (1929) 581ff (Cistercienser)
Noschitzka	= Canisius L. Noschitzka, Die kirchenrechtliche Stellung des resignierten Regularabtes unter besonderer Berücksichtigung der geschichtlichen Entwicklung im Zisterzienserorden: AnOCist 13 (1957) 149-314.
Rieger	= Simon Rieger, Die Dekretale "Recepimus litteras" bei Blumenstok und Schreiber: StuduM 32 (1911) 693-699.
Scheuermann	= Audomar Scheuermann, Die Exemtion nach geltendem kirchlichen Recht mit einem Überblick über die geschichtliche Entwicklung (Görres-Gesellschaft, Veröffentlichungen der Sektion für Rechts- und Staatswissenschaft, Heft 77). Paderborn 1938.
Schreiber	= Georg Schreiber, Kurie und Kloster im 12. Jahrhundert. Studien zur Privilegierung, Verfassung und besonders zum Eigenkirchenwesen der vorfranziskanischen Orden vornehmlich auf Grund der Papsturkunden von Paschalis II. bis auf Lucius III. (1099-1181) (Kirchenrechtliche Abhandlungen, Heft 65-68) 2 Bde. Hg. v. Ulrich Stutz. Stuttgart 1910.
	= Studien zur Exemtionsgeschichte der Zisterzienser: ZSavRGkan 4 (1914) 74ff.
	= Gemeinschaften des Mittelalters. Münster 1948
Spahr	= Kolumban Spahr, Die Anfänge von Citeaux (Bernhard von Clairvaux, Mönch und Mystiker. Veröffentlichungen des Instituts für Europäische Geschichte, Bd. 6.) Hg. v. Josef Lortz. Wiesbaden 1955. 215-224.

	= Derselbe, Neue Beiträge zur Ordensgeschichte: Cist 58 (1951) 29-39.
	= Derselbe, "Citeaux": LTHK II 1208
	= Derselbe, "Zisterzienser": LTHK X (1965)
Stutz	= Ulrich Stutz, Die Eigenkirche als Element des mittelalterlichen germanischen Kirchenrechts. Berlin 1895.
Tamburini	= Tamburini Ascanius, De jure abbatum et aliorum praelatorum tam regularium quam saecularium episcopis inferiorum 3 Bde. Lugduni 1640
Turk	= Josef Turk, Cisterciensium fratrum instituta: Cist 52 (1941) 101-107. 118-123. 132-141.
Winter	= Franz Winter, Die Zisterzienser im nordöstlichen Deutschland. Gotha 1868.
Zakar	= Polykarp Zakar, Die Anfänge des Zisterzienserordens. Kurze Bemerkungen zu den Studien der letzten zehn Jahre: AnOCist 20 (1964) 103-138.

DIE PRIVILEGIERUNG DES ZISTERZIENSERORDENS
IM RAHMEN DER ALLGEMEINEN SCHUTZ- UND EXEMTIONSGESCHICHTE
VOM ANFANG BIS ZUR BULLE 'PARVUS FONS' (1265)

Ein Überblick mit besonderer Berücksichtigung von Schreibers "Kurie und Kloster im 12. Jahrhundert."

I. DIE MATERIELLRECHTLICHE SICHERUNG DES KLOSTERS.

1. Das Schutzinstitut vor dem 12. Jahrhundert.

Die Schutzforschung der letzten Jahrzehnte hat gezeigt, wie wichtig dieses Institut für das Verständnis der im 12. Jahrhundert einsetzenden Privilegierung von Klöstern und des Zisterzienserordens ist. "Das bedeutendste zeitgeschichtliche Element für die Loslösung der Klöster vom Episkopat, entwicklungsgeschichtlich geradezu die Vorstufe zur Exemtion, bildet das Rechtsinstitut des Schutzes." [1] Obwohl beide Institute völlig verschiedene Ziele verfolgen, ist doch der Einfluß des Schutzes auf die Exemtion unverkennbar. Die Ursache liegt in den unvollkommenen unterschiedenen Zuständigkeiten, das heißt dem bischöflichen Oberaufsichtsrecht einerseits und dem klösterlichen Eigentumsrecht anderseits. Eingriffe in das letztere machten eine materielle Sicherung nötig. Diese bot ihnen das Institut des Schutzes, den der König, der Bischof oder der Papst gewähren konnten.

a) Der Königsschutz und der bischöfliche Schutz.

Die Urheimat des Schutzes ist das altgermanische Recht. Besonders Westgoten, Langobarden und Merowinger kannten das Rechtsinstitut des Patronates und in Verbindung damit die persönliche Unterordnung des Beschützten unter seinen

Schützer.[2]

Die Klöster bedurften nicht selten besonders des Schutzes. Sie hatten sich gegen Raub und Schädigung ihrer Güter, aber auch gegen geistliche Übergriffe zu sichern. Dem Schutz der Klostergüter vermochte ein weltlicher Schutzherr oft nur schlecht nachzukommen, besonders wegen der häufigen Streulage des Klosterbesitzes. Außerdem stellten sich regelmäßig bedrängende Forderungen von Seiten dieses Schutzherrn ein.[3]

Der königliche Schutz war noch am besten geeignet, das klösterliche Eigentum zu schützen. Schon im sechsten Jahrhundert finden sich die ersten königlichen Schutzbriefe an Klöster.[4] Bis zum Tode Karls des Großen erhalten eine stattliche Anzahl von Klöstern den königlichen Schutz und damit das Recht, einen im gewöhnlichen Gericht ungünstig verlaufenen Prozeß vor das königliche Gericht zu bringen;[5] ferner wird der Besitz des betreffenden Klosters allgemein bestätigt. Das Kloster war auch befreit von staatlichen Gefällen und übte die niedere Gerichtbarkeit über die Hintersassen aus. In der ottonischen Zeit erlangte das Kloster durch die staatliche Privilegierung sogar ein wirkliches Herrschaftsrecht: hohe Gerichtbarkeit, Befreiung von Heerbann und Recht zu eigenem Heerbann, Zoll-, Münz- und Marktrecht.[6]

Um die Mitte des neunten Jahrhunderts steigern sich diese Rechte zum Exzess: "Es tritt die Überzeugung auf, daß alle Klöster und Kirchen, die nicht Privatbesitz sind oder nicht dem Schutzverband eines Bischofs oder weltlichen Herrn angehören, ipso facto im königlichen Schutze stehen."[7] Die Klöster erhalten dadurch wohl alle Rechte, werden aber auch in jeder Hinsicht dem Königsgute gleichgestellt; das gilt besonders für das Verfügungsrecht. Der König besetzte als Eigentümer sogar vakante Abtstellen. "Das Klostervermögen galt als staatliche Einnahmequelle, der Abt als königlicher Beamter."[8]

Wohlwollende Bischöfe suchten oft den klösterlichen Besitz zu sichern. Dies geschah besonders bei eigenen Gründungen. Der erste Schutzbrief dieser Art ist uns in der Formel des Mönches Marculf erhalten (um 700 entstanden). Er verpflichtet die Nachfolger, den klösterlichen Besitz unangetastet zu lassen. [9]

In anderen Fällen wurden dann auch andere Privilegien erteilt. Der Bischof verzichtete öfter auf die Einmischung in die besitzrechtlichen Verhältnisse, auf Mitbestimmung im Kloster und reservierte sich nur das Weiherecht und die Befugnis, bei Versagen des Abtes einzugreifen. [10] Das sind aber Ausnahmen. Meist gewähren diese Urkunden nur Befreiung von Leistungen, welche die Bischöfe mitunter zu beanspruchen pflegten, das Verbot, ohne Erlaubnis des Stifters über Klostergut zu verfügen, die freie Abtwahl, Verzicht auf allzu häufige Visitation u.a.

Die Blütezeit des bischöflichen Schutzes liegt im achten Jahrhundert. Typische Repräsentanten sind Lerins, Aganum und Luxeuil. [11]

Um die Schutzwirkung zu erhöhen, ließ mancher Stifter sich auch die Mitbestätigung anderer Bischöfe und auch die des Königs geben. Sie verlieh der Urkunde zwar keine andere rechtliche Bedeutung, dennoch stand sie auf breiterer Grundlage; mittelbar bot sie wenigstens Schutz vor der Gewalt der Mitunterzeichneten. Obwohl der Bischof der Auffassung der Zeit gemäß das Recht hatte, über alle Vermögenswerte und sonstigen Rechte seiner Kirchen zu verfügen, war er als Nachfolger doch irgendwie durch die Urkunde gebunden, soweit sie dem herkömmlichen Recht und Brauch nicht geradezu widersprach. [12]

Als sich aber einzelne Bischöfe um die von ihnen oder ihren Vorgängern ausgestellten Urkunden wenig kümmerten, gingen die Klöster vor Synoden und Könige. Sie verlangten aber nur ein Verbot der üblichen Mißbräuche. "Die gesetzliche Gewalt des Bischofs zu beschränken lag diesen Beschwerden (noch) ferne, manchmal unter ausdrücklicher Erwähnung."[13]

"Die Haupterfordernisse klösterlicher Entwicklung, das Recht der freien Abtwahl und die materielle Unabhängigkeit wurden oft besonders stark angefochten, denn der Einfluß des Bischofs stieg dadurch, daß Mönche und besonders Äbte immer häufiger Weihegrade annahmen.[14]

Im letzten genügten weder der Königsschutz noch der bischöfliche Schutz; letzterer wurde oft schon unter dem Nachfolger problematisch. "Seit der Ausbildung des Ordenswesens dauert der Kampf zwischen Episkopat und dem Mönchtum ... , zwischen zentralistischer Gewalt ... und Streben nach Autonomie ..."[15]

Dem Bischof blieb immer die Möglichkeit, kraft seiner geistlichen Gewalt Druck gegen die Klöster auszuüben. "Das gegenseitige Verhältnis war fortwährend schwankend ... und mußte je nach Umständen, je nach Stellung der Parteien von neuem geregelt werden."

Was den Königsschutz betrifft, so war er im neunten Jahrhundert mit dem Sinken der Königsmacht immer mehr zur Bedeutungslosigkeit verurteilt oder exzessiv ausgeartet.

So war den Klöstern ein wirksamerer und selbstloserer Schutz nötig, und diesen fanden sie beim Papst.

b) Der päpstliche Schutz.

Bis zum achten Jahrhundert finden wir durchwegs bischöfliche und königliche Schutzbriefe, mitunter vom Papst bestätigt. Der Grund, warum wir bis zum achten Jahrhundert päpstliche Urkunden kaum finden, ist leicht einzusehen: sie hatten im Frankenreich kaum juristische Bedeutung im vollen Sinn.[16] Bis zur zweiten Hälfte des neunten Jhs. treten sie daher nur vereinzelt und sporadisch auf.[17] Ihre

Bedeutung wächst mit dem Sinken der Königsmacht.

Als Rechtsinstitut besteht der päpstliche Schutz seit etwa 900 und erreicht eine erste Blüte unter Papst Johann XIII (965-972). [18] Man darf nicht glauben, das Schutzinstitut wäre so aufzufassen, als ob der Papst nunmehr die Aufgabe des Königs übernommen hätte; vielmehr ermöglichte der Verfall des Königsschutzes die Entstehung des päpstlichen Schutzes. Er ist ein neues, eigenes Machtelement. [19] "Der päpstliche Schutz war die große historische Analogiebildung zum Königsschutz. Er überholt sein Vorbild bedeutend in der Ausdehnung und mehr noch in seiner inneren Entwicklungsfähigkeit." [20]

Der Zweck des päpstlichen Schutzes war die m a t e r i e l l - r e c h t l i c h e S i c h e r u n g des Klosters, nicht aber eine Sonderstellung gegenüber dem Ortsbischof. [21] In diesem Punkt zeigt sich schon ein wesentlicher Unterschied zwischen Schutz und Exemtion. Das Schutzinstitut läßt das Recht des Ortsordinarius (in seiner reinen Form) prinzipiell unangetastet. Freilich war es schwer, besonders im 12. und 13. Jh., seinen Rechtskomplex zu bestimmen, da die aus der Jurisdiktion hergeleiteten Rechte mit dem Eigentum - also mit dem Privatrecht - zusammengeworfen wurden. [22] Im Grunde ringen die Klöster um die Sicherung der wirtschaftlichen Unabhängigkeit gegen die eigenkirchlichen Anschauungen des germanischen Rechts. "Diesen Zweck erreicht das Schutzinstitut nach langem und zähem Kampf erst, als ihm im 12. Jh. in der Kirchenrechtslehre G r a t i a n s ein starker Freund erstand." [23]

Typisch für die Schutzurkunden ist <u>formell</u> der Gebrauch von Ausdrücken wie "tutela", "tuicio", "munimen", "protectio", "defensio beati Petri", "patrocinium", "jus", "ditio", seltener "defensaculum", "tutamen", "mundiburdium" [24]. Ursprünglich erscheinen diese Ausdrücke, die dem Kloster den päpstlichen Schutz zusichern im Rahmen einer w e i t -

l ä u f i g e n Formel. Da sie juristisch nicht von Bedeutung ist, schrumpft sie mit der Ausweitung des Schutzinstitutes allmählich zu einer Kurzformel zusammen, die meist folgenden Wortlaut hat:

".. sub beati Petri et nostra protectione suscipientes, privilegium praesentis auctoritate communimus." [25]

Der Aufbau der Schutzurkunde ist nicht ohne Bedeutung. Am häufigsten steht die Schutzformel als Einleitung in der sogenannten D i s p o s i t i o n , seltener in der "arenga", (Bsp. bei Blumenstok 48, Anm. 1) verbunden mit einer allgemeinen Bestätigungsformel. Sie kann aber auch für sich stehen. Dem äußeren Bild nach bestand die Disposition bei manchen Schutzbullen in der genauen Aufzählung der Schutzobjekte, bei anderen nur in der Erwähnung spezieller Vermögensstücke im Rahmen einer allg. Bestätigungsformel. Sie wurden meist deshalb ausdrücklich erwähnt, weil sie besonders umstritten waren.

Dabei ist zu bemerken, daß oft auch Berechtigungen aufgezählt werden, die an sich im Schutz ipso facto enthalten sind. Die aufgezählten Rechte sind also nicht immer neu und erst mit der erwähnenden Urkunde zugestanden. [26] Das ist auch für die Zisterzienserprivilegierung wichtig.

Von nicht geringer Bedeutung ist alles, was die Urkunden über den G r u n d ihrer Entstehung sagen. Von seiten der P ä p s t e werden meist Gründe allgemeiner Natur angeführt, sie sind ohne rechtliche Bedeutung, aber insofern interessant, als die päpstliche Kanzlei bestrebt ist, Schutzbriefe als päpstliche Gnadenerweise herauszustellen, ein Umstand, der mit anderen Elementen dazu beitragen wird, daß in der zweiten Hälfte des 12. Jhs. Schutzurkunden extensiv interpretiert werden im Sinne einer Exemtion.

Dagegen sind rechtlich für die Interpretation von großer Bedeutung die G r ü n d e , die der Papst den Bittschriften der ansuchenden Anstalt entnimmt. [27]

Endlich waren der Schutzbulle noch S t r a f b e s t i m m u n g e n angeschlossen für den Fall, daß jemand den Schutzbrief mißachtete. Geistliche Strafen (Bann, mitunter dem Papste vorbehalten) und Ämterverlust waren am häufigsten). [28]

Die Bulle Paschals für Citeaux (vom Jahre 1100) schloß vom Empfang der Hl. Kommunion aus, verbunden mit Amtsentsetzung. Diese Strafbestimmung wird ausdrücklich sowohl auf Laien als auch auf Erzbischöfe und Bischöfe bezogen. [29] Die Mitunterschriften hatten rein formelle Bedeutung; damit war höchstens eine gewisse Verpflichtung verbunden, die Urkunde gegenüber dem Nachfolger des Ausstellers zu verteidigen. [30]

Den Inhalt des päpstlichen Schutzes finden wir in der Disposition der Bulle:

1) Anerkennung des Besitzstandes
2) Die Bestimmungen über die Unantastbarkeit des Besitzes durch den Bischof
3) Die Stellung der Vögte (für Citeaux ohne Bedeutung, da es auf Allodialbesitz gegründet wurde)
4) Verbot der Vermögensveräußerung
5) Die aktive Zehntfreiheit und das passive Zehntrecht
6) Das Recht der freien Vermögensverwaltung
7) Das Recht, unmittelbar in Rom Klage zu führen
8) Das Recht, die Weiheakte des Bischofs unentgeltlich zu bekommen
9) Das Verbot der Belastung des Klosters durch den Klostergründer. [31]

Dieser Inhalt des päpstlichen Schutzes zeigt deutlich das H a u p t z i e l der Urkunden dieser Art: die m a t e r i e l l - r e c h t l i c h e Sicherung, nicht aber eine Sonderstellung gegenüber dem bischöflichen Ordinarius. Das wird bekräftigt durch die V o r b e h a l t s k l a u s e l: " salva sedis apostolicae auctoritate et dioecesani episcopi canonica iustitia".. oder auch nur: "... salva dioecesani episcopi canonica reverentia". Sonst hätten die Bischöfe auch kaum ohne Bedenken ihre Gründungen dem Schutzinstitut anvertraut. [32] Wenn im Schutzbrief gelegentlich auch die Jurisdiktion des Bischofs dem Kloster gegenüber abgegrenzt wird, andere Privilegien und Bestimmungen, wie die Bestätigung der Ordensregel (in der ersten Schutzbulle an Citeaux) enthalten sind, so sind das dem Schutz f r e m d e Bestandteile. Meist waren sie in anderen Fällen schon vorher als Privilegien vorhanden und wurden bei dieser Gelegenheit mitverbrieft.[33]

Mit dem Erstarken der päpstlichen Zentralgewalt in der nachgregorianischen Zeit schwillt die Zahl der ausgestellten Schutzbullen an Einzelklöster und Klösterverbände merklich an. Ein Gutteil davon sind <u>Wiederholungen</u> schon früher ausgestellter Schutzbullen. Ja manchmal erhält dasselbe Kloster innerhalb kurzer Zeit mehrere Schutzbullen ausgestellt.[34] Ein Grund für die Neuausstellung ließe sich etwa darin erblicken, daß man eine wichtige Änderung im Rechtszustand der Anstalt, wie z.B. den Neuerwerb von Besitztümern, mitverbriefen lassen wollte. Aber da hätte eine ergänzende Urkunde genügt. Viele Urkunden sind offensichtlich nach der Thronbesteigung des Papstes neu beantragt und ausgestellt worden. [35]
Bedenkt man hierzu die Beobachtung Blumenstoks, daß in diesen Bestätigungsbriefen nicht wenige Irrtümer und Ungenauigkeiten begegnen, von denen eins für das Fortbestehen irgendwelcher Rechtsverhältnisse wichtige Urkunde frei sein müßte, dann bleibt wohl nur die Annahme: diese wiederholenden Schutzbullen hatten weniger juristische als vielmehr moralische Bedeutung. [36]

Den H a u p t g r u n d dieser Wiederholungen werden wir mit Blumenstok wohl in dem allgemeinen B r a u c h e zu suchen haben, den Herrschern und Päpsten allerlei Privilegien vorzulegen, eine ausdrückliche Anerkennung aller Rechte vom jeweils Regierenden einzuholen, um einer Beeinträchtigung derselben vorzubeugen. [37]

Übrigens ist die Wiederholung nicht immer als solche leicht erkennbar. Oft fehlt die Berufung auf frühere Päpste ja sogar die Wiederholung des Inhalts. Dann würde nur die genaue Kenntnis der früheren Dokumente eine solche Bulle als Wiederholung erkennen lassen. Darum wird es nicht unwichtig sein, die Bullenreihen, die an den Orden ergangen sind, zu verfolgen. Erleichtert wird die Untersuchung der einzelnen Bullen auf ihren nur wiederholenden oder neues Recht setzenden Charakter im 13. Jahrhundert mit Hilfe des "Liber cancellariae apostolicae".

Wird der Inhalt früherer Bullen wiederholt, dann geschieht dies manchmal teilweise, manchmal wieder ganz, und die Neuerwerbung wird irgendwo - mitunter ausdrücklich als solche bezeichnet - eingefügt. [38]

Bei W e g l a s s u n g e n in diesen Wiederholungsbullen ist es immer unsicher, ob das fragliche Recht nicht mehr besteht oder ob es im Gegenteil so selbstverständlich ist, daß eine ausdrückliche Erwähnung überflüssig schien. Anderseits ist es nicht ungewöhnlich, daß in einem Schutzbrief ganz unnötigerweise Privilegien aufgeführt werden, über die eine Anstalt schon aus anderen Gründen verfügt. Oft und oft geschieht das seit dem 12. Jh., nachdem die Schutzbulle immer mehr zur Privilegienbulle wird, deren Indulte mit dem Schutze nichts mehr zu tun haben; eine Erscheinung, die wir noch eingehend zu behandeln haben werden. Die meisten Schutzbullen an einzelne Zisterzienserklöster gehören zu dieser Kategorie. [39]

Die O r d n u n g in diesen Wiederholungsbullen ist rein zufällig und juristisch ohne Bedeutung, In einzelnen Fällen läßt sich auf Grund von Vorurkunden feststellen, daß die einzelnen Indulte in der Ordnung aufgeführt werden, in der sie dem Kloster verliehen worden sind. Bei anderen wiederholenden Schutzverleihungen ist oft der Inhalt mehrerer Urkunden vereinigt oder, wie schon erwähnt, in die alte Schutzbulle das Neuerworbene an einer passenden Stelle eingefügt. [40] Eine Besonderheit hat der Zisterzienserorden im 12. Jh. und später zu verzeichnen: Ganze Bullen, die zuerst an den Gesamtorden gerichtet waren, werden mit geändertem Datum und geänderter Anschrift an Einzelklöster erteilt. [41]

Zusammenfassend können wir feststellen: Die Vorformen des päpstlichen Schutzes, der bischöfliche Schutz und der Königsschutz treten in dem Maße zurück als das Papsttum erstarkt. Eine Ursache ist vor allem das eigenkirchliche Denken, das immer wieder einen wirksamen Schutz behindert. Im Vordergrund stehen vorwiegend materielle Fragen um die ungestörte Verwaltung und die ungeschmälerte Ausübung der Eigentumsbefugnisse des Klosters. Der päpstliche Schutz übernimmt als kräftigere Analogiebildung zum Königsschutz die Wahrung der materiellrechtlichen Interessen. Eingriffe in die Gewalt des Bischofs im eigentlichen Sinn sind dem Schutz an sich fremd. Die Regelung des Verhältnisses zwischen Bischof und Kloster erfolgt fast immer mit Einverständnis des Bischofs.

c) Formen des Schutzes.

War schon seit Cluny eine stetige Ausbreitung des päpstlichen Schutzinstitutes und damit verbunden eine zahlenmäßige Zunahme der ausgestellten Schutzbullen zu verzeichnen, so trifft das besonders für die gregorianische Zeit und besonders für die nachgregorianische Zeit zu. Die E r k l ä r u n g ist in dem weitgehenden Entgegenkommen des Papstes zu suchen. Obwohl sehr viele Klöster, im 12. Jh. schon die Mehrzahl, sich nicht durch Eigentumsübergabe in den Schutz des Papstes begeben wollten und oft auch nicht

konnten, nahm sie der Papst in das Schutzverhältnis auf.[42]
Nach Blumenstok [43] überwog noch vor 1050 fast ausschließlich der Schutz mit Eigentumsübergabe. Nachher aber erfolgt die Erteilung des Schutzes zum größten Teil ohne Eigentumsübergabe, was nicht hieß, daß etwa nur eine fingierte Eigentumsübergabe vollzogen worden wäre. Das war möglich, weil der Papst auf das übertragene Klostereigentum immer schon kaum einen Einfluß ausübte. Deutlich zeigte sich das vor allem darin, daß der Anerkennungszins für dieses Eigentumsrecht des Papstes an den tradierten Klöstern, ein verhältnismäßig kleiner Betrag, bei Säumigen nie ernstlich eingefordert wurde. [44]Erst unter Gregor VII wurden Rekognitionszinslisten angelegt und dann dauerte es noch einmal hundert Jahre, bis es zu einer strengeren Zinspraxis vonseiten der Päpste kam.

Ein Eigentumsrecht allerdings gab der Papst nie auf: das Recht der Veräußerung von Klostereigentum - zum allergrössten Nutzen der Klöster. [45]

Mit dem 10. oder 11. Jh. datiert also die Scheidung zwischen kommendierten und nicht kommendierten Anstalten bzw. päpstlichen Eigenklöstern und nichttradierten Klöstern. Diese Scheidung bereitet nach Schreiber [46] die klare Scheidung zwischen exempten und nichtexempten Klöstern, die nach ihm im 12. Jh. erfolgt, im Grunde vor. Tatsächlich ist in dieser Scheidung des Schutzinstitutes in tradierte und nichttradierte Klöster die kommende Entwicklung des Schutzes grundgelegt. Ihre Wurzeln sollen im Folgenden an den beiden Arten geschützter Klöster gesondert dargelegt werden.

Das päpstliche Eigenkloster. [47]
Das päpstliche Eigenkloster stand durch die "traditio (omnium bonorum)" zum Papst in einem immerwährenden unkündbaren Verhältnis. [48] Als Eigentümer galt der heilige Petrus. Im 12.Jahrhundert wechselt bezeichnenderweise die Benennung:

anstelle des heiligen Petrus heißt das Eigentumssubjekt kurz und bündig "Ecclesia Romana".[49] "In dieser unscheinbaren formalen Wandlung dürfte sich wohl etwas von dem Selbstbewußtsein der rechtschöpferischen Kurie des 12. Jahrhunderts ausprägen."[50]

Das päpstliche Eigenkloster erhielt vom Papst den Schutz im Rahmen eines echten zweiseitigen Rechtsverhältnisses. Das Kloster übergab seinen Vermögensbestand dem Papst zum Eigentum und erhielt dafür den päpstlichen Schutz.[51] Der fast immer vorkommenden Formel ist zu entnehmen, daß der Papst das Recht schrankenloser Verfügung über die in Schutz genommene Anstalt keineswegs beanspruchte, sondern die Verwaltung der kompetenten Leitung überließ. Als Obereigentümer räumte die Kurie dem Kloster (als Untereigentümer) den Besitz und die Nutzung der Klostergüter ein, gleichsam das "dominium indirectum de rei utilitate".[52] Diese Obereigentum betonte die Kurie sehr zum Nutzen der Klöster weniger ihnen selbst als jenen gegenüber, die den Klöstern ihre Rechte streitig machen wollten. Die Forderung der Gründer von Klöstern auf Übertragung der Vogtei vermochte die Kurie allerdings nicht abzuschlagen, obwohl sie wußte, daß damit den geschützten Häusern oft mehr geschadet als geholfen war.[53]

Wie weit der Papst auf die inneren Angelegenheiten einer geschützten Anstalt Einfluß nahm, ist weniger bekannt. Sicher stand ihm das Recht zu, auch die inneren Verhältnisse zu ordnen, ein Recht, das sich der weltliche Schutzherr nur anmaßen konnte und sich auch immer wieder anmaßte. Zu den hervorragendsten Rechten zählte nach damaligen eigenkirchlichen Anschauungen die Ernennung des Klosterobern, die dem Papst als dem Obereigentümer zugefallen wäre. In Wirklichkeit griff er aber nur in jenen Fällen ein, in denen Mißstände zu beseitigen waren.[54] Meistens verzichtete er auf direkte Einflußnahme und verfocht die freie Abtwahl im Sinne des Konzils von Chalcedon. "Hier stieß jedoch der

urkundlich formulierte päpstliche Wille mit den Ansprüchen der bischöflichen Gewalt scharf zusammen; ... für die geschützten Laiengründungen ... machte sich die kirchliche Auffassung der Diözesanzugehörigkeit geltend. Solange es monachales Leben gab, hatte der Episkopat seine Ansprüche auf irgendwelche Teilnahme an der Abtwahl nicht aufgegeben." [55]
So erwies sich das päpstliche Eigenklosterwesen als sanftes Joch und als Schutz gegen eigenkirchliche Übergriffe. Mit Recht empfand man das Schutzverhältnis als wohltuende "libertas", mit Recht nannte der Papst sein Recht "jus liberale". (vgl. Anm. 53) Zweifellos gewährte es eine weitgehende Freiheit, die sonst kaum erreichbar gewesen wäre. Selten bequemte sich ein Gründer oder Klostereigentümer zu solchen Zugeständnissen, wie sie Wilhelm von Aquitanien Cluny machte. Daher schuf auf breiter Front erst das päpstliche Eigenklosterwesen Raum für die Klosterreform, deren größter Hemmschuh das germanische Eigenkirchenrecht war.

b) Das nichttradierte Kloster.

Wie schon erwähnt, wurden um die Mitte des 10. oder 11. Jh. auch an Klöster ohne Eigentumsübertragung Schutzbullen vonseiten des Papstes ausgestellt.
D e r   G r u n d für diese freigebigen Schutzgewährungen war wohl das Bestreben, die Klöster aus der politischen Bindung an das Königtum und aus der wirtschaftlichen Bindung an den Eigenkirchenherrn zu befreien. [56] In der U r k u n d e ist kaum ein Unterschied zu erkennen. Beide Gruppen, päpstliche Eigenklöster und nichttradierte Anstalten, weisen weder in der Arenga noch in den übrigen Sätzen kaum einen Unterschied auf mit Ausnahme jener Stelle, die von Kommendation oder Tradition spricht. [57] Außerdem kommt gegen Ende des 11. Jhs. in der Arenga eine Formel auf, die stark den Eindruck eines einseitigen Privilegs macht, ein Umstand, der mit zu den bestimmenden Faktoren gehört, die das ursprüng-

lich zweiseitige Rechtsgeschäft des Schutzes in einen einseitigen päpstlichen Gnadenakt überführen. Göller [58] weist darauf hin, daß die Exemtion von Anfang an Gnadenakt ist, der Schutz aber zweiseitiges Rechtsgeschäft. Sobald nun der Schutz einseitiger Gnadenakt wurde, konnte er nichts anderes mehr sein als Übergang zu E x e m t i o n .

Dieser Umstand ist für die rechtshistorische Betrachtung der Zisterzienserschutzbullen deshalb von großer Bedeutung, weil alle von Anfang an sich als päpstlichen Gnadenakt geben. [59]

Übrigens hat der Umstand, daß Schutzbriefe an nichtkommendierte Anstalten erteilt wurden, dazu beigetragen, daß dieses Institut später allmählich verfiel. Gleichwohl finden wir noch im 13. und 14. Jh, ja vereinzelt bis ins 16. Jh. Schutzbullen, die aber ihren ursprünglichen Charakter fast verloren haben. [60]

Daß Citeaux von Anfang an keine laikale Gründung war, hatte auch zur Folge, daß die Tradition der Neugründung an Rom unterblieb. Citeaux rückte also im Gegensatz zu Cluny nicht in die Reihe der päpstlichen Eigenklöster ein. Dieser Umstand erwies sich für die weitere Entwicklung des Ordens als bedeutungsvoll. [61]

Fassen wir die Hauptergebnisse der Entwicklung bis zum Jahre 1100, insoweit sie für das gestellte Thema von Interesse sind, kurz zusammen: Das Schutzinstitut versteht sich als zweiseitiges Rechtsverhältnis: Eigentumsübertragung von seiten des Klosters - Schutzgewährung von seiten des Papstes. Um die Mitte des 11. Jhs. wird der Schutz auch ohne Eigentumsübertragung gewährt. Das hat einerseits die zahlenmässige Erhöhung geschützter Klöster zur Folge, anderseits wird die Schutzbulle für solche Klöster betont als einseitiges Gnadenprivileg gegeben.

Damit haben wir in kurzen Zügen die Entwicklung des Schutz-

institutes bis zur Gründung von Citeaux, soweit sie zum Verständnis der Zisterzienserprivilegierung notwendig ist, dargelegt. Von besonderem Interesse für die Privilegienentwicklung des Ordens ist das 12. Jh.,ein Jahrhundert stürmischer Entwicklung. Auf dem Hintergrund des Kampfes zwischen Papst und Kaiser, besonders zwischen Alexander III. und Friedrich Barbarossa kommt es auch zu tiefgreifenden Meinungsverschiedenheiten zwischen Klöstern und Bischöfen. Letztere sind meist als Reichsbischöfe dem Kaiser eng verbunden und zudem geprägt von eigenkirchlichem Denken der Zeit; erstere im Schutze des Papstes auf die Erhaltung einer gewissen Unabhängigkeit bedacht, finden es unwürdig, als Ordensleute unter Weltklerikern (den Bischöfen) zu stehen, und die "libertates" der Schutzprivilegien werden zum Ausgangspunkt einer starken Welle extensiver Interpretationsversuche päpstlicher Schutzbullen. Ihr Ziel: Befreiung ("exemtio") von der bischöflichen Gewalt. Wie diese bischöfliche Gewalt gegenüber Klöstern zu verstehen ist, darüber scheint unter den rechtshistorischen Forschern bis heute noch keine rechte Klarheit zu bestehen. Schreiber hat in seiner breiten Untersuchung ein Element der "exemtio", wenn auch das bedeutendste zur "Exemtion schlechthin" erklärt. [62]
Mahn, der in etwa auf die Privilegierung des Zisterzienserordens am meisten eingegangen ist, und alle anderen, soweit sie auf diese Bezug nehmen, sind Schreiber darin gefolgt. [63] Aber Schreiber ist darin von Anfang an nicht unwidersprochen geblieben [64]. Es ist nicht zu übersehen, daß wir bis zum Pontifikat Luzius III., wie Schreiber annimmt, mit einem ausgebildeten Begriff einer "Exemtion schlechthin" nicht operieren können. Erst durch Innozenz III. wird er schärfer bestimmt und zwar als Befreiung von der Jurisdiktion des Bischofs.

In der Folge hatte die extensive Interpretation der Schutzbullen eine starke Reaktion zur Folge, die sogar in den päpstlichen Dokumenten ihren Niederschlag fand. Dieser Entwicklung, in deren Rahmen sich auch die Zisterzienserprivilegierung vollzog, im Einzelnen nachzugehen, wird nun unsere zweite Aufgabe sein.

2. Das Schutzinstitut im 12. Jh.

a) Allgemeine Charakteristik.

"... Der Zweckgedanke des Schutzes (materiell-rechtliche Sicherung) kam auch noch im 12. Jahrhundert darin voll zum Ausdruck, daß die Klosterprivilegien in den ersten Jahrzehnten des 12. Jahrhunderts als rechtlich bedeutsamen Inhalt nur die Schutzformel und die Konfirmation, die Bestätigung des klösterlichen Besitzzustandes aufwiesen. Der Schutzgedanke war noch so stark, daß die Mehrzahl unter Paschalis II. sich mit einer einfachen Bestätigung des Klosterbesitzes begnügte; wo allerdings eine spezielle Aufführung der Vermögensobjekte vorhanden war, wuchs sich der Schutzbrief zudem noch zu einer wertvollen Beweisurkunde aus ...

Die Person des päpstlichen Schutzherrn mußte aber mit Notwendigkeit eine ... kirchenrechtliche Erweiterung der Schutzbriefe hervorrufen. So treffen wir am Eingange unserer Periode Privilegien von schlichtem, altertümlichem Charakter, zugleich aber solche bedeutend erweiterten, mit einer Fülle von Rechten ausgestatteten Inhalts. Im weiteren Verlauf unserer Periode vollzog sich der Umwandlungsprozeß des einfachen Schutzbriefes zu einem inhaltreichen Privileg im Sinne eines jus singulare; der Eigentumsschutz trat vor einer Summe von Bevorrechtigungen zurück." [65]

Soweit die treffende Charakteristik Schreibers über die Schutzentwicklung im 12. Jahrhundert. Eine nähere Betrachtung der einzelnen Merkmale dieser Entwicklung wird zeigen, daß in den von Schreiber aufgezeigten Grundlinien weitgehende Übereinstimmung herrscht.

b) Besondere Merkmale in der weiteren Entwicklung.

War die Tendenz nach Ausnahmerechten schon immer vorhanden gewesen, so kam diese in unserem Zeitabschnitt nach der vollständigen Ausbildung des päpstlichen Gesetzgebungsrechts erst recht zur Geltung. Es gehört zu den Charakteristica dieser Periode, daß viel mehr als früher gleichzeitig mit dem Schutz zahlreiche andere Privilegien mitverbrieft wurden, welche, da sie rein kirchlicher Natur waren, mit dem Schutz eigentlich nichts zu tun hatten.[66] Und diese Privilegien werden immer ausgedehnter. Wenn bisher die päpstliche Kurie den Grundsatz im allgemeinen eingehalten hatte, in Schutzbriefen mitverbriefte Privilegien, welche die bischöfliche Jurisdiktion beeinträchtigen, nur mit Einverständnis des Ortsbischofs zu gewähren, so erteilte die Kurie sie jetzt auf Grund der erstarkten allgemeinen päpstlichen Gewalt.[67] Nur so wurden sie auch überhaupt möglich; denn kaum ein Ortsbischof wäre bereit gewesen, sein Mitspracherecht in klösterlichen Angelegenheiten in den oft sehr einflußreichen Anstalten zu beschneiden. Hier setzte sich die päpstliche Gewalt oft über noch bestehende bischöfliche Rechte bezüglich des innerklösterlichen Lebens hinweg und entzog manche Mönchsklöster weitgehend dem bischöflichen Einfluß.

Die auffallende Erscheinung, die schon am Beginn unseres Zeitabschnittes zu beobachten ist, daß reich mit Privilegien ausgestattete Schutzbriefe neben die alten einfachen Schutzbriefe treten, führte Schreiber unwidersprochen auf die schon behandelte Scheidung der geschützten Klöster in päpstliche Eigenklöster und nichttradierte Klöster zurück.[68] Weiß man, was Schreiber unter einem exemten Kloster versteht, nämlich eine mit Straffreiheit gegenüber dem Bischof ausgestattete Anstalt, so trifft das ungefähr mit der Erklärung Hüfners[69] zusammen: dem Bischof wurde im Rahmen des Schutzprivilegs das Recht entzogen, wegen der materiellen Unabhängigkeit auf dem Wege über seine geistliche Gewalt

Druck auf das Kloster auszuüben, unbeschadet seiner anderen
Rechte, die manchmal ausdrücklich erwähnt werden. Beide Erklärungen meinen also im Effekt dasselbe, nur läßt die letztere noch Raum für die weitere Entwicklung des Exemtionsbegriffes, die ohne Zweifel erst viel später zum Abschluß kam, weitgehend unter Innozenz III., endgültig aber erst unter Bonifaz VIII.

Die Zisterzienserschutzbulle nimmt insofern eine Sonderstellung ein, als in ihr gern die dem Gesamtorden verliehenen Privilegien wiederholt, bzw. Teile der Carta Caritatis aus einem entsprechenden Anlaß eingefügt werden. Der Grund mochte wohl das Bestreben gewesen sein, auf dem Wege des Einzelprivilegs die dem Gesamtorden verliehene privilegienrechtliche Stellung durchzusetzen. [70]

Ein weiteres Merkmal ist die <u>Steigerung der Anzahl</u> der ausgestellten Schutzbriefe. Wir haben schon das Pontifikat Johannes XIII. als ersten Höhepunkt des päpstlichen Schutzes konstatiert. (vgl. S. 5) Welch umfassendes Rechtsinstitut aber der Schutz in unserem Zeitabschnitt wurde, ersieht man aus einer Aufstellung bei Blumenstok. [71] Sie verzeichnet unter Urban II. (101 Briefe) und Paschal II. (141) erstmals ein sprunghaftes Ansteigen der Zahl der ausgestellten Schutzbullen; Rekordzahlen erreichen sie unter Innozenz II. (288), Eugen III. (397), Alexander III. (635), Luzius III. (222), Innozenz III. (394); auch in der ersten Hälfte des 13. Jhs. werden noch viele Schutzbullen ausgestellt unter Honorius III. (203), Gregor IX. (212), Innozenz IV. (179), um dann stark zurückzugehen unter Alexander IV. (81). Später erreicht die Zahl unter einem Pontifikat kaum mehr als 30.

Stellt das 12. Jh. schon als solches also gegenüber dem 11. einen Höhepunkt in der rein quantitativen Entwicklung des Schutzinstitutes dar (über 2000 Schutzbullen im 12. Jh. gegenüber 270 im 11. Jh.), so erreicht die Kurve im dritten

Viertel des XII. Jhs. geradezu kolossale Ausmaße. Alle Länder sind von Schutzbriefen, denen noch dazu Exemtionswirkung imputiert wird, geradezu überflutet. Freilich ist zu beachten, daß sich die Urkunden auf die verschiedensten Subjekte bezog: auf Klöster, Pfarr-, Kollegiat- und Domkirchen, Bistümer und Erzbistümer, Dom- und Kollegiatkapitel, Orden, wohltätige Anstalten, Gemeinden usw.; ferner auf gewisse Personengruppen wie Teilnehmer an einem Kreuzzuge, endliche auf einzelne Personen, geistliche und weltliche Herren, regierende Fürsten, ihre Witwen und Waisen usw. Aber die allermeisten Urkunden ergehen an Klöster, denn wie früher bedürfen sie auch in diesem Zeitraum sehr des Schutzes.

Betrachtet man den Anteil der Länder am päpstlichen Schutzverband, so ist es interessant festzustellen, daß sich der Hauptanteil der ergangenen Schutzbriefe auf jene Länder bezieht, in denen der Zisterzienserorden am zahlreichsten vertreten war: die südöstlichen Teile Frankreichs, Italien, Elsaß-Lothringen; dann folgen Deutschland und England; endlich Spanien, Dänemark, Böhmen, Portugal usw. Unzweifelhaft deckt sich diese Reihung mit der Stärke des päpstlichen Einflusses. [72]

Fragt man nach den G r ü n d e n dieser kolossalen Entwicklung des päpstlichen Schutzinstitutes, so ist eine deutliche Verlagerung festzustellen. Ökonomische Erwägungen, die das päpstliche Schutzinstitut im 9. Jahrhundert entstehen ließen, treten mehr in den Hintergrund, besonders bei nichttradierten Klöstern. Und letztere machen das Gros der geschützten Klöster im 12. Jahrhundert aus.

Ein Grund für das zahlenmäßige Anwachsen des Schutzinstitutes ist ohne Zweifel die ständig wachsende Macht der Päpste. Mächtigere Päpste stellen mehr Schutzbriefe aus. [73]
Auch kirchenpolitische Erwägungen spielten nicht selten bei der Erteilung des Schutzes eine Rolle. Denn viele Klöster und besonders Klosterverbände leisteten dem Papst im Kampf

gegen den Kaiser treue und manchmal sogar entscheidende Hilfe. Man denke nur an Innozenz II. und Alexander III. und den Zisterzienserorden. [74]

Ein weiteres Merkmal der Schutzurkunde des 12. Jahrhunderts ist die Verallgemeinerung der Grundformel.[75] Sie kommt freilich nicht immer und ausschließlich zur Anwendung. Die alte breitere Form besteht neben ihr weiter. Dennoch ist die Vereinfachung vieler Schutzbullen auffallend. Unschwer läßt sich auch der Grund angeben: Die oben erwähnte kolossale Ausweitung des Schutzinstitutes und seine Ausgestaltung zur Privilegienurkunde.

Dieser Typus des Schutzformulars war sogar in der Folge sehr begehrt. Man sah nämlich immer mehr Rechte im Schutz begründet.[76] Diese Rechte ließen sich aber aus einer allgemein gehaltenen Schutzurkunde besser ableiten. Der früher klar eingehaltene Ausstellungszweck des Schutzformulars wurde dadurch verwässert. Aus der materiell-rechtlichen Sicherung des Klosters suchte man nun auch Vorrechte gegenüber der geistlichen Jurisdiktionsgewalt des Bischofs abzuleiten. Alexander III. klärte erstmals durch eine authentische Interpretation, was man aus einer Schutzbulle nicht herauslesen dürfe.[77]

Im privilegium commune eines Ordens erscheint die Schutzformel als bescheidener Eingang zu einer Fülle sonderrechtlicher Bestimmungen. Diese Art der Verallgemeinerung bedarf keiner besonderen Begründung. Sie ergibt sich notwendig, wenn mehreren Häusern der päpstliche Schutz zuteil werden sollte. Der Schutzbrief Innozenz II. für die junge Filiation von Citeaux zählt zu dieser Art von Schutzurkunden.[78] Die Schutzbriefe an die Einzelklöster des Zisterzienserordens dagegen haben meist die breite Aufzählung der einzelnen Liegenschaften beibehalten und enthalten zusätzlich die dem Orden verliehenen privilegienrechtlichen Bestimmungen.[79]

Im 12. Jahrhundert war die Schutzbulle zeitweise der <u>extensiven Interpretation</u> von seiten der Klöster ausgesetzt. Man las mehr heraus an Privilegien als drin standen. Unter Alexander III. (1159 - 1181) erreichte diese Entwicklung ihren Höhepunkt. Der Papst mußte mit den schon erwähnten Dekretale (vgl. Anm. 77) dagegen einschreiten. Unter seinen Nachfolgern kam es zu einer Reaktion der Bischöfe gegen diese Bewegung der Klöster.

Über das Ausmaß dieser Befreiungsversuche der Klöster von der Jurisdiktion des Bischofs sind die Meinungen geteilt. Ebenso darüber, wer eigentlich den Anstoß dazu gab. Blumenstok steht mehr auf seiten der Bischöfe und beklagt, daß die Klöster "mit Sorgfalt jede Gelegenheit und jede Lücke dazu benützt hätten, die Rechte des Ordinatius zu beeinträchtigen, und Ausnahmsrechte, die andern Anstalten in den ihnen verliehenen Schutzbriefen speziell gewährt wurden, auf Grund eines Schutzbriefes, der nichts Ähnliches enthielt, zu beanspruchen." [80] Schreiber hingegen wird nicht müde zu betonen, daß man im Bischof den angreifenden Teil zu sehen habe, vor dessen Exzessen und Anmaßungen klösterliche Übergriffe weit zurücktreten. [81] Blumenstok habe eine Geschichte "überreich an Exemtionsverleihungen der Päpste und angefüllt von einem wirren, ungezügelten Drängen der Klöster nach Exemtion" geschrieben. [82]

Sicher darf man diese Bestrebungen nicht überschätzen. Schreiber vermochte nur wenige Klöster zu entdecken, denen es gelungen war, auf diesem Wege sich die Exemtion zu erkämpfen. [83] Bei den isolierten Benediktinerklöstern war die Rechtslage, wenn sie nicht kommendiert war, praktisch gegeben. Sie waren nicht exemt. Die isolierten päpstlichen Eigenklöster waren zum Teil exemt, zum Teil zweifellos nichtexemt. Eine dritte Reihe befand sich endlich noch in dem verhängnisvollen Zwischenzustand von Eigenkloster und exemten Kloster; sie mochten wohl am meisten an einer extensiven Interpretation ihrer Schutzbullen interessiert sein. [84] Ein lehrreiches Beispiel, wie sie sogar zur Exemtion führen kann, bietet St. Vaast.[85] Was die zentralistischen Zweige der Benediktiner angeht, gab ihr privilegium commune weniger Anlaß zu extensiver Interpretation.[86]

Die Entwicklung im Zisterzienserorden beruht kaum auf extensiver Interpretation der Schutz- und Privilegienbullen als vielmehr auf der Bestätigung der kraftvollen Organisation durch den Papst verbunden mit ihrer kirchenpolitischen Bedeutung in den beiden Schismen des Jahrhunderts. In diesem Rahmen ist die extensive Interpretation zu sehen. Daß Blumenstok eine Geschichte des Schutzinstitutes geschrieben habe, "überreich an Exemtionsverleihungen" ist ein Mißverständnis und beruht auf der Schwäche der sonst eindrucksvollen Schreiberschen Darstellung: seinem Exemtionsbegriff. Formulierungen wie: ;Auch die Päpste entziehen sich dieser Bewegung n i c h t g a n z ", und "daß sie (nämlich die ext. Interpretation) falsch war, ist s e l b s t v e r s t ä n d l i c h ",[87] zeigen deutlich die Tendenz des Verfassers zu Unterschieden zwischen klösterlicher Interpretation und realer Rechtslage. Wenn er im übrigen von Exemtionen spricht, meint er darunter nichts anderes als libertates, Freiheiten, die er als solche, und nicht als Totalexemtion zu erweisen sucht.[88] Schreiber aber interpretiert meist Exemtion schlechthin, worunter er wiederum Befreiung von der Strafgewalt des Bischofs versteht. Wir werden uns darüber noch auseinanderzusetzen haben.

Im ganzen kann gesagt werden, daß dieses Bestreben, Schutzbullen sehr weit zu interpretieren, als weitgehende Befreiung von der Gewalt des Bischofs nur <u>indirekt</u> auf die Zisterzienserprivilegienentwicklung Einfluß genommen hat, insofern nämlich, als dadurch besonders unter Alexander III. eine Klärung der Begriffe wie "protectio", "libertas", einsetzte, die unter Innozenz III. teilweise zum Abschluß kam. Ein <u>direkter</u> Einfluß ist zu Lebzeiten des Hl. Bernhard nicht, in der zweiten Hälfte des 12. Jhs. kaum anzunehmen, da sich, wie wir klar aus den Bullen und den Statuten des Generalkapitels wissen, das Bestreben des Ordens mehr auf die Verteidigung des Zehntprivileg und des Obödienzversprechens mit dem Zusatz "salvo ordine meo" beschränkte.

Diese allgemeine Charakteristik der Weiterentwicklung des päpstlichen Schutzinstitutes im 12. Jh. zeigt deutlich, daß sich der Rechtsstreit über die materielle Sicherstellung hinaus auch auf das Gebiet der bischöflichen Jurisdiktion ausdehnt. Zur Einschränkung der bischöflichen Gewalt in vermögensrechtlicher Hinsicht tritt die gleichzeitig mit dem Schutz vielfach gewährte Privilegierung. Im besonderen die Abgrenzung der Jurisdiktion des Bischofs dem Kloster gegenüber, im Falle der Zisterzienser besonders auch die Bestätigung der Ordensregel; endlich auch das Verbot des Klosteraustritts und der Aufnahme Flüchtiger. Das sind dem Schutz f r e m d e Bestandteile, welche meist schon vorher bestanden und bei Gelegenheit der feierlichen Inschutznahme mitverbrieft wurden. Noch verstärkt wurde diese Verlagerung des Rechtsstreits auf das Gebiet der bischöflichen Jurisdiktion durch die w e i t e Auslegung des Schutzprivilegs durch die Klöster. Der Schutz wird einfach als Herrschaft des Papstes gedeutet, welche jede bischöfliche Autorität ausschließt.

So müssen wir zum Abschluß unserer allgemeinen Charakteristik des Schutzes feststellen: D e r E i n f l u ß d e s p ä p s t l i c h e n S c h u t z i n s t i t u t e s a u f d a s E x e m t i o n s i n s t i t u t i s t u n v e r k e n n b a r . Der Schutz ist das Primäre, führt aber in Wirklichkeit oft zu einer weitgehenden Privilegierung gegenüber den Bischofsrechten, die dann praktisch in eine Exemtion übergeht. Beide Rechtsinstitute sind zwar ihrer Entstehung nach unabhängig voneinander, doch übt der Schutz im Laufe der Zeit einen starken Einfluß auf die Exemtion aus. Einen unmittelbaren Berührungspunkt in der Beziehung "Schutz-Exemtion" scheint die Strafgewalt des Bi-

schofs zu sein. Denn mit der Gewährung eines päpstlichen
Privilegs ist es dem Bischof auch verboten, den Gebrauch
des Privilegs zu zensurieren. Der Schutz gewährt Garantie
für alle zustehenden Eigentumsrechte, daher auch Straffreiheit in dieser Hinsicht.

3. Entwicklung der Einzelelemente des Schutzinstitutes im 12. Jh. innerhalb des Zisterzienserordens.

Wie wir oben dargelegt haben (S. 6f), war das Hauptziel
der Schutzurkunde, die materiell-rechtliche Stellung des
Klosters zu sichern. Sie erfolgte durch die Anerkennung des
Besitzstandes und der Bestimmung, daß er für Fürsten und
Bischöfe unantastbar sei.

Diese grundlegende Anerkennung erhielt das Mutterkloster
Citeaux schon unter Paschal II. im Jahre 1100: "Locum ... ab
omnium mortalium tutum ac liberum fore sancimus ... ac sub
Apostolicae sedis tutela specialiter protegi ..."[89]. Allerdings darf man nicht vergessen, daß sich dieser Schutz vorerst weniger gegen wirtschaftliche Unterdrückung wendet,
Citeaux war zu dieser Zeit bettelarm und blieb es bis in die
Dreißigerjahre, als vielmehr gegen den Rufmord und die Gehässigkeiten besonders von seiten der ehemaligen Mitbrüder
zu Molesmes. Der junge Zweig benediktinischen Lebens wurde
als Neuerer, Außenseiter verschrien, sein Leben und seine
Gebräuche verächtlich gemacht. Der Papst, durch drei lobende Begleitschreiben von seiten des Legaten,[90] des Erzbischofs und des Bischofs auf die junge Reform aufmerksam gemacht, zollte ihr dagegen hohes Lob, begründete seinen
Schutz in ihrem rühmlichen Eifer nach strengerer Beobachtung der Regel und macht ihn sogar von deren weiterer Einhaltung abhängig. Das Schutzmotiv - und wir werden ihm immer

wieder begegnen - ist für den Papst in diesem Falle nicht so sehr die materielle Sicherung als vielmehr die Erhaltung der Observanz. Der Orden als solcher erhält seine erste Schutzbulle zusammen mit einigen Privilegien im Jahre 1132.[91]

Unter Abt Alberich [92] tat Citeaux einen Schritt, der wirtschaftlich einem neuen Aufbruch gleichkam und auch für die ganze Blütezeit des Ordens dessen ungeheure wirtschaftliche Kraft grundlegte. Es war der Verzicht auf Kirchen, Altäre, Begräbnisstätten (bei denen allerdings noch Alberich eine Ausnahme machen mußte), Zehnten von fremder Arbeit, Fronhöfe, Fronbauern, Grundrenten, Backhaus- und Mühlengefälle, also all das, was zu damaliger Zeit die Haupteinnahme der Klöster, der Kirche und der Feudalherren ausmachte. Kannte man in den bisher bekannten Formen klösterlichen Lebens das Faktum der "eigenen Arbeit" fast nicht, so wollten die "Neuerer" des "Neuklosters" bewußt von der eigenen Hände Arbeit leben, wenn man freilich zur Hilfe auch Konversen und Lohnarbeiter aufnahm, um das opus divinum nicht zu beeinträchtigen und die Regel einhalten zu können. Die späteren Neugründungen erfolgten fast durchwegs in Einöden und in sumpfigem, waldigen Brachland. Als aber diese Einöden fruchtbar zu werden begannen, verlangten die Territorialherren auch von ihnen den Zehnten. Die Klostergemeinschaften, inzwischen zu einem straff organisierten Orden von allerdings noch immer armen Klöstern herangewachsen, empfand diese Forderung als drückend, zumal er ja auf die meisten Einnahmequellen anderer Orden verzichtet hatte und nicht "vom Schweiße anderer leben wollte."
Der Zehntleistung unterlagen alle Grundstücke des Pfarrbannes. Von ihr ausgenommen waren Kleriker ("Clericus non decimatur") und Arme, d.h. jene, die nur mit Mühe aus einem kleinen Besitztum ihr Leben erhalten konnten. Sofern sie unterstützungsbedürftig waren, gehörten sie ja unmittelbar zu den Zehntbeziehern. Auch die Besitzungen eines Klosters

wurden in die Zehnterhebung einbezogen, wenn nicht ein eigenes Privileg davon befreit hatte.

Um die Bedeutung des Zisterzienserzehntprivilegs zu ermessen, müssen wir kurz die Stellung des Papsttums zum Zehntwesen im 12. Jahrhundert akizzieren.

Hatte in karolingischer Zeit die staatliche Gesetzgebung sich mit dem Zehntproblem befaßt, so zog jetzt das cluniazensische Reformpapsttum dieses vor sein Forum. Von Paschal II. bis Innozenz II. stehen wir vor einer sich einheitlich fortsetzenden Zehntpolitik. Sie befreite mit voller Absicht, wenn auch nicht immer urkundlich, die Klöster von der Zehntverpflichtung und billigte ihnen die volle Zehntfreiheit zu. Gerade in dieser Frage trat der Machtwille des Reformpapsttums anspruchsvoll und unbeugsam in Erscheinung.[93] Ihre Nachfolger Eugen III. (1145-1153) und Anastasius IV. (1153-1154) hielten an der Zehntpolitik ihrer Vorgänger fest.[94] Unter dem Engländer Hadrian IV. (1154-1159) aber vollzog sich ein radikaler Bruch mit der Vergangenheit. Er beschränkte die Zehntfreiheit von allem Anbau auf die Befreiung vom Neubruchzehnt,[95] und zwar für alle Orden mit Ausnahme (vielleicht) der Ritterorden. Der Kirchenpolitiker Alexander III., dem die Zisterzienser und die Ritterorden wertvolle Dienste leisteten, gab diesen und bald auch den Templern und Hospitalieren die volle Zehntfreiheit, den übrigen Orden aber nur die Novalzehntfreiheit.[96] Diese Freiheit hatte gegen die befreiten Orden schwere Kämpfe zur Folge, die sich bis zum IV. Laterankonzil (im Jahre 1215) hinzogen, das im privilegium commune nur die Novalzehntbefreiung für das mit eigener Hand oder zumindest auf eigene Kosten bearbeitete Land gestattete.[97]

Und nun zur Zehntfreiheit des Zisterzienserordens. Ihren Ausgang nimmt die gesamte Zehntpolitik der Zisterzienser vom Privileg Innozenz II., der im Jahre 1132 dem Stammkloster Citeaux und sämtlichen Abteien der Zisterzienserobservanz die Zehntfreiheit für alle im Eigenbetrieb bebauten Ländereien und für die eigene Viehzucht gewährt.[98] Interessant ist die Begründung, eine im Kurialstil öfter wiederkehrende Wendung. Der wirkliche Grund dürfte wohl die Armut der Zisterziensergründungen gewesen sein, etwa sechzig an der Zahl, die meist noch am Anfang standen.[99] Innozenz II. ist bei dieser Privilegierung, das muß wohl vermerkt werden, aus dem Rahmen der gesamten päpstlichen Zehntpolitik _nicht_ herausgetreten, wie wir oben bereits bemerkten. Dennoch werden die Klöster noch im selben Jahre in einen erbitterten und zähen Kampf um das Privileg verwickelt, nicht etwa mit den Bischöfen, sondern mit Mönchen der gleichen Regel - den Cluniazensern.[100] Es konnte nicht ausbleiben, daß die Streitigkeiten, in welche die Zisterzienser infolge der konsequenten Durchführung ihres Zehntprivilegs verwickelt wurden, noch weitere Kreise zog. Auch die Kurie mochte zur Erkenntnis kommen, daß die bisher beliebte Zehntformel, die s ä m t l i c h e Eigenbetriebe freimachte, wenn sie auch bei den alten Benediktiner- und Augustinerklöstern keine große Bedeutung erlangt hatten, unter der Hand der Zisterzienser zu einem Mittel geworden war, welche das Zehntrecht in ganz neue Bahnen der Entwicklung treiben mußte. Deshalb trat auch die Reaktion ein. Unter Eugen III. noch nicht; er war Zisterzienser. <u>Hadrian IV.</u> aber stellte sich in bewußtem Gegensatz zu seinen Vorgängern, indem er erklärt, daß er beschlossen habe, den Ordensleuten nur die Freiheit vom Neubruchzehnten zuzugestehen. Getreu diesem Grundsatz enthalten fast alle Privilegien und Schutzbriefe Hadrians die stereotype Formel:

"Sane novalium   vestrorum ..."   gegenüber der bisher
                                      üblichen:
"Sane laborum   vestrorum ..."

Aber nirgends ist eine Spur zu entdecken, daß er die Privilegien seiner Vorgänger widerrufen hätte. Anderseits enthalten alle für Zisterzienserabteien in seiner Regierungszeit ausgestellten Briefe nur die Novalzehntfreiheit.[101]

Eine entschiedene Besserung für die Zisterzienser trat unter Alexander III. fast ohne Übergang ein. Während Alexander mit Ausnahme der Hospitaliter und Templer [102] bei den anderen Orden die Novalzehntfreiheit Hadrians beibehielt, setzte er bei den Zisterziensern konsequent die alte Formel wieder in die päpstlichen Schutzbriefe ein.
Der Kampf entbrannte daraufhin aufs neue.
Alexanders Bulle "Audivimus" gibt eine klare Interpretation des Zisterzienserprivilegs gegen jene Zehntberechtigten, die noch vielfach an der hadrianischen Formel festhielten und nach ihr auch die alexandrinischen Schutzbriefe zu interpretieren suchten.[103] Noch einen anderen Weg schlug die Reaktion gegen die Begünstigung der Zisterzienser in der Zehntfrage ein. Man suchte in Rom um eine ganz spezielle Bestätigung des Zehntbezuges nach, in welcher auch bestimmte Klöster als zur Zehntentrichtung verpflichtet erklärt wurden, verschwieg aber dabei, daß es sich dabei um Zisterzienserklöster handelte.
Auf den Rekurs der Zisterzienser hin wurde dann die später auch zu anderen Zwecken oft angezogene Formel in das Zisterzienserprivileg eingefügt, daß solche päpstlichen Bestätigungen der Zehntfreiheit des Ordens keinen Eintrag tun sollten, es sei denn, die Zisterzienser würden in der Abrogationsformel namentlich erwähnt.[104]

Auf der 3. Lateransynode 1179 lehnte der Papst jeden Versuch des Episkopates, die Ausnahmestellung des Zisterzienserordens zu beseitigen, entschieden ab. Nach dem Apostel (1 Cor 9) seien nur jene zur Zehntleistung verpflichtet, die vom Klerus Seelsorgsdienste empfingen, was bei Ordensleuten nicht der Fall sei. Die Synode zeigte aber auch die tiefgreifende Erbitterung über die bisher so konsequent verteidigte Zehntfreiheit des Ordens. Papst und Orden suchten daher nach einem Mittel, um endlich die immer wieder auftauchenden Zehntstreitigkeiten auf friedlichem Wege aus der

Welt zu schaffen. Der Papst rät zu gütlichem Vergleich [105] und die im folgenden Jahre 1180 zu Citeaux versammelten Äbte halten den Augenblick für gekommen, in ihrer Zehntpolitik einen ehrenvollen Rückzug anzutreten, zumal der einstige Grund für die Befreiung, die Armut der Häuser, fortgefallen war, ja die wirtschaftliche Hochkonjunktur der Klöster sogar vielen kirchlichen Persönlichkeiten Anlaß zu Besorgnis und Klage gebe. Es rät, daß "jeder, der vom heutigen Tage an Äcker oder Weinberge erwirbt von welchen eine Kirche oder ein Kloster oder irgend eine geistliche Person gewohnt war, Zehnten zu beziehen, diesen Zehnten ohne Widerspruch entrichte ... [106] Am Prinzip der Zehntfreiheit war der Orden jedoch entschlossen festzuhalten.[107] Das zeigen die vielen Erneuerungen des Privilegs, die der Orden bis zur vierten Lateransynode von jedem Papst erhielt. Die vierte Lateransynode (1215) brachte die endgültige Regelung der Zehntfreiheit, allerdings mit der Einschränkung ihrer bisherigen Ausdehnung, die das Generalkapitel von 1180 schon gemacht hatte: Von Ländereien, die in Zukunft erworben werden und zehntpflichtig sind, soll der Zehnten an die Kirchen entrichtet werden, die ihn vorher schon bezogen haben, wenn mit diesen Kirchen nicht eine andere spezielle Vereinbarung getroffen wird.[108] Die "größere Bereitwilligkeit des Ordens hing auch mit der geänderten Wirtschaftslage zusammen: das Aufblühen der Städte hatte eine mächtige Abwanderung vom Lande in die Stadt zur Folge. Der daraufhin einsetzende empfindliche Mangel an Arbeitskräften machte die Selbstbewirtschaftung der klösterlichen Ländereien immer schwieriger, und so sahen sich auch die Zisterzienser gezwungen, das bisher streng festgehaltene Prinzip des Eigenbetriebes zu durchbrechen und eine Grangie (d.h. landwirtschaftlichen Betrieb) nach der andern an fremde Leute zu verpachten. Mit dieser Verpachtung erlosch aber zugleich die Zehntfreiheit.[109]

Einen merklichen Nachteil bildete die Neuordnung der Zehntverhältnisse auf dem Konzil für die nach 1215 unternommenen Neugründungen in kultivierten Gegenden. Hier war der Zehntzwang ein großes Hindernis, schon deshalb, weil man in den neuen Niederlassungen im Anfang immer noch am Eigenbetrieb festhielt. Erreichte man vereinzelt nach 1215 in Schutzbriefen noch die alte Formulierung,[110] so war für den ganzen Orden doch keine Änderung mehr zu erreichen. Es bleibt für die Folge bei der Zusammenfassung der Zehntprivilegien, die in der Bulle Honorius III. vom 9. November 1224 enthalten ist.[111]

1) de possessionibus habitis ante concilium
2) de novalibus sive ante sive post concilium acquisitis
3) de hortis
4) de virgultis
5) de piscationibus
6) de nutrimentis animalium.[112]

Bei diesem Zustand blieb es für die Folge. Er entsprach der allgemeinen Entwicklung der Wirtschaftspolitik des Zisterzienserordens, die schon an der Wende des 12. und 13. Jahrhunderts in die Bahnen der außerhalb des Ordens gebräuchlichen Wirtschaftsweise einlenkte und selbst gegen Alberichs Statut (EPc15) Zehntnehmer wurde.

Der Grundgedanke des Zisterzienser-Wirtschaftssystems, von eigener Hände Arbeit zu leben, verbunden mit dem Willen, Neuland urbar zu machen, auf dem sich auch neue Bearbeitungsmethoden anwenden ließen, die im Rahmen des anderen Kulturlandes nicht möglich waren wegen der gemeinsamen Weiderechte nach dem Anbau - diese Auffassung war zum Segen und Beispiel für die ganze mittelalterliche Landwirtschaft geworden.[113] Der Grundpfeiler war der Verzicht auf das Bezehntungsrecht. Das Exordium parvum begründete diesen Schritt mit der alten Verteilung des Zehnten: ein Teil für den Bischof, einer für den Priester, der dritte für Fremde, Witwen und Waisen oder Arme, der vierte endlich zum Unterhalt der Kirche. Bei dieser Verteilung sei der Mönch nicht erwähnt. Um aber nach dem Gebot der Regel Gäste, arm und reich aufnehmen zu können, hätten sie beschlossen, Laien als Konversen mit Erlaubnis des Bischofs aufzunehmen, ohne daß die Mönche würden; ebenso Lohnarbeiter (EP. c.15) Der radikale Bruch, den die Gründer von Citeaux dadurch vollzogen, daß sie auf das Bezehntungsrecht verzichtet hatten, war auf die Dauer, als der Orden aufblühte, kaum zu halten, er hätte denn auf Schenkungen überhaupt verzichtet. Das konnte die Klostergemeinschaft um Citeaux zwar mehr als andere, denn es pflegte die Eigenarbeit. "Aber ohne Schenkungsbesitz hätte schwerlich jene glänzende Entwicklung sich vollziehen können, mit der die 'monachi grisei' die abendländische Welt überraschten. Zudem brachte es die Art des germanischen Eigentums bzw. des germanischen Pertinenzverhältnisses und die Art des mittelalterlichen Güterverkehrs überhaupt mit sich, daß den Zisterziensern die "decimae aliorum hominum' zuwuchsen."[114] Doch scheint dies in größerem Ausmaße erst um die Wende zum 13. Jh. eingetreten zu sein. Daß der Orden dann langsam in die Wirtschaftsweise der anderen Orden einschwenkte, deutet schon ein Regest aus dem Jahre 1190 an, in dem Clemens III. Citeaux eine Kirche "ad procurationem abbatum capituli Generalis" bestätigt.[115] Ebenso erhält Viktring etwas später eine Kirche bestätigt,[116] Raitenhaslach eine Kapelle.[117] 1198 wird Ourscamp neben dem bisherigen Bezehntungsrecht "pro portione" auch das Recht auf den Neubruchzehnt zugestanden.[118] Im Jahre 1218 wird Ottenburg erlaubt von einem Grundstück, das es zum Almosen erhalten hat, den Zehnt zu nehmen. Es wird ausdrücklich bemerkt, daß es gegen die "Statuten sei und dann der Grund angegeben: da es an Konversen fehle.[119] Wenig darauf finden wir die Abtei schon in einen Zehntstreit verwickelt.[120] Wenig später (1222) wird Maulbronn ein Bezehntungsrecht bestätigt, das es vom Bischof bekommen hatte.[121]

Anscheinend haben sich die Klöster allmählich am Bezehntungsrecht von Landstücken, die sie infolge des Mangels an Konversen und Lohnarbeitern wegen der Abwanderung in die Städte nicht mehr selbst bearbeiten konnten, beteiligt. Einen aufschlußreichen Einblick in die Wirtschaftsordnung eines Zisterzienserklosters um 1230 bieten die Vorschriften des Abtes Stephan Lexington für Savigny.[122] 1246 ergeht an den Orden ein Privilegium, in welchem ihm in jenen Pfarreien, in denen ihm der Altzehnt zugestanden worden war, auch der Neubruchzehnt, den sie bisher noch nicht empfangen hätten, zugesprochen wird. Daß man sich dieses Privileg angelegen sein ließ, erkennt man an den vielen Neubestätigungen innerhalb einer kurzen Zeit.[123]

Canivez verzeichnet wenige Generalkapitelsbeschlüsse (den letzten 1157), die das Bezehntungsrechtsverbot bekräftigen[124] und nur zwei Bestrafungen im Jahre 1196 und 1203.[125]

b) Das Recht, unmittelbar in Rom Klage zu führen.

Kaum ein Privileg ist für den Zisterzienserorden ergangen, dem nicht eine Klage oder eine Bitte des Abtes von Citeaux oder des Generalkapitels vorausgegangen wäre. Es ist daher nicht notwendig, weiter darauf einzugehen. Erwähnt sei nur ein Fall aus dem Jahre 1165, in dem der Apostolische Stuhl in einer strittigen Sache um eine Entscheidung angegangen wird. Denn die Antwortbulle weist deutlich auf seine Funktion, solche Klagen entgegenzunehmen und zu entscheiden, hin. Es geht um eine Weide, die dem Kloster Citeaux durch einige Kanoniker streitig gemacht wird und deretwegen schon eine Exkommunikation ergangen ist. Alexander III. spricht sie in seiner Entscheidung dem Kloster zu und hebt die Exkommunikation auf. Im Eingang dieser Bulle an Gilbert, den Abt von Citeaux, heißt es:

"Quotiens aliqua ad audientiam apostolice Sedis perlata

debitum finem sortitur, necesse est ut quod exinde fuerit, iustitia mediante statutum, litterarum memorie commendetur ut habeat secutura posteritas quod de gestarum rerum teneat veritate ... sub nostro examine fuisset diutius ventilata ...[126]

c) Das Verbot, ein geschütztes Kloster mit neuen Abgaben zu belasten.

Neben der Regelung des aktiven und passiven Zehntrechts, besonders natürlich der Zehntfreiheit, wo sie vorhanden war, verbot das Schutzprivileg, das Kloster mit neuen Abgaben zu belasten. Der Anspruch konnte von seiten des Gründers, von seiten des Bischofs, eines Legaten oder vom Papst selber erhoben werden. Ein Gründeranspruch bestand in Citeaux nicht, da es seine Gründung bewußt (um vom grundherrlichen Eigenkirchenwesen frei zu sein) auf Allodbesitz vornahm,[127] Gründeransprüche scheinen erst im 13. Jh. in größerem Ausmaße geltend gemacht worden zu sein. Gregor IX. verbietet im Jahre 1234 unter irgendwelchen Vorwänden - die Bulle zählt eine ganze Reihe auf, auch angemaßtes Vogtrecht - von den Zisterzienserklöstern Abgaben zu erpressen. Unter den Personen, die sich solches herausnahmen, werden Laien, Bischöfe und sogar Legaten aufgezählt.[128]

Dem B i s c h o f standen nach dem geltenden Recht eine Reihe von Abgaben zu, von denen die Schutzbulle nicht befreite und für die ein eigener Rechtstitel vorgewiesen werden mußte, wenn ein Kloster bzw. ein Orden von diesen Abgaben Freiheit beanspruchte. Zu ihnen zählten auf Grund des Diözesanrechts:
1) Das Cathedraticum bzw. Synodaticum
2) Das Subsidium caritativum für Sonderausgaben der Diözese
3) Die Procuratio - die Ausgaben und den Unterhalt für die jährliche Visitation

4) Ein Teil (ein Viertel) des Zehnten
5) Ein Teil des Begräbnisgeldes (ein Viertel, ein Drittel oder manchmal auch die Hälfte) für Legate und Totenopfer.

Schon früh erhielt der Orden die Befreiung von der Synodalabgabe, die hinfällig wurde, als Innozenz II. den Orden 1132 vom Besuch der Diözesansynode befreite. Schwierigkeiten scheinen erst im 13. Jh. aufgetreten zu sein. In manchen Dokumenten wird eine ausdrückliche Bestätigung von Seiten des Bischofs erwähnt für die Freiheit von der Synodalabgabe.[129] Unter Innozenz IV. ergeht ein scharfes Schreiben gegen die Forderung mancher Bischöfe, die Diözesansynode zu besuchen und die Synodalabgabe zu leisten.[130]

Ob und in welchem Ausmaße die Zisterzienserklöster in unserem Zeitraum das Subsidium caritativum geleistet haben, darüber gäben wohl die Regesten der Einzelklöster Auskunft, die wir aber nicht in stärkerem Ausmaße berücksichtigen konnten. Die Bischöfe scheinen das Recht, die Zisterzienserklöster zu visitieren und damit die Forderung auf die Visitationstaxe erst im 13. Jh. erhoben zu haben. Die Statuten des Generalskapitels [131] sprechen wohl von Verletzungen der Zisterzienserprivilegien durch die Bischöfe, aber nie von Visitationsforderungen. Tatsächlich scheint der Passus Eugen III. in seiner großen Bestätigungsbulle [132] eine solche Forderung hintangehalten zu haben, da mit der Annahme der Carta Charitatis durch den Bischof auch das genau geregelte Visitationswesen wohl oder übel mitbestätigt werden mußte. Ein Schreiben von 1227 fordert Ourscamp auf, die Prokurationsforderung bezüglich seiner Grangien einfach zu ignorieren.[133] Weiter Forderungen veranlaßten Alexander IV. 1255 den Orden der Visitations- und Besserungsgewalt des Bischofs ausdrücklich zu entziehen und jede Forderung auf Visitationstaxen zu unterbinden. (vgl. Anahng 3)

Von Begräbnisstätten im Kloster hatte der hl. Alberich nichts wissen wollen, um nicht durch die Schenkungen und

Pitanzen (zu den Mahlzeiten gestiftete Zugaben wie Wein, Fische, Fleisch usw.) die Beobachtung der hl. Regel zu gefährden.[134] Daher war das Begräbnisrecht und damit das Recht auf die Begräbnistaxe des Bischofs bzw. Pfarrers nicht angetastet. Daran wurde von seiten des Generalkapitels bis zum Jahre 1214 festgehalten. Freilich sah sich schon Alberich genötigt, eine Ausnahme zu machen und den Landesfürsten Odo I., einen Wohltäter des Klosters, der auf der Kreuzfahrt ins hl. Land zu Tarsus gestorben war, auf dessen letzwillige Verfügung hin im "Neukloster", wie Citeaux auch hieß, zu begraben. Das Generalkapitel sanktionierte diese Ausnahme 1157 noch einmal,[135] indem es allen Klöstern die Bestattung des Fundators innerhalb des Klosters gestattete. Erst im Jahre 1217[136] gestattete das Generalkapitel das Begräbnis von Pfarrangehörigen im Kloster, aber nur mit Einverständnis und Erlaubnis des Bischofs bzw. Pfarrers. Gleich im folgenden Jahre erhielt der Orden das Privilegium, Personen ins Kloster aufzunehmen trotz des Einspruchs der Pfarrer bzw. Archidiakone, die sich öfter wegen des Entgangs der Begräbnistaxe deren Eintritt widersetzten. Nach Canivez[137] wiederholt Honorius III. damit nur ein Privileg, das schon Alexander III. gegeben hatte.

Im Jahre 1228 gestattet Honorius III. die freie Grabwahl bei den Zisterziensern, aber unter Wahrung der Rechte der Pfarrkirchen.[138] Dieses Recht wird 1249 dahingehend erweitert, daß auch Wucherer bei den Zisterziensern begraben werden können.[139] Exkommunizierte und Interdizierte bleiben aber weiterhin ausgeschlossen, ja selbst als Gründer.[140]

Bezüglich der Begräbnistaxe trat der Papst also scharf und tadelnd gegen die merkwürdig anmutende Anschauung auf, die im Klostereintritt eines Pfarrkindes nur den Entgang der Begräbnistaxe sah. Im übrigen wollte er aber die Pfarrrechte in dieser Hinsicht gewahrt wissen. L e g a t e waren abgabenpflichtig; ein Drittel meistens mußte an den Bischof abgeführt werden. Das galt aber nicht für solche, die für die Kirche und deren Bedarf, für Anniversarien, Kerzen usw. bestimmt waren.[141] Keine Abgaben durfte der Bischof fordern von Schenkungen, die zu Lebzeiten gemacht wurden. Gegen derlei Forderungen sind die Päpste, so oft sie erhoben wurden, aufgetreten.[142]

Die L e g a t e n des Papstes hatten das Recht, in den Klöstern Unterhalt und Reisezehrung zu verlangen. In den inzwischen wohlhabend gewordenen Zisterzienserklöstern stellten manche Legaten Forderungen, die gegen die Regel und Statuten des Ordens waren. Sie verlangten Fleisch und andere in einem Zisterzienserkloster verpönte Speisen und führten Frauen in das Klostergebiet. Außerdem stellten sie oft ungebührliche Geldforderungen. Honorius III. schritt gegen diesen Mißstand durch mehrere Bullen ein, in denen er seinen Legaten jede Geldforderung verbot, ihnen jede Exkommunikation und Suspension untersagte bzw. für ungültig erklärte, wenn sie nicht ein Spezialmandat hätten; er wies sie an, mit den klosterüblichen Speisen zufrieden zu sein.[143] Anderseits wies er öfter die Klöster des Ordens an, den Legaten auf jede Weise zu helfen. Dem Kardinallegaten Simon gewährt er sogar das Privileg, Adelsfrauen einmal jährlich Zutritt zu den Zisterzienserklöstern zu gewähren. Ein anderer darf von den Zisterziensern sogar einen außerordentlichen Kirchenzehnten verlangen.[144]

Wie der Papst aber dem Orden 1255 versicherte, wären sie durch keine vorgewiesene schriftliche Vollmacht verpflichtet, zu einer Kollekte für irgendeinen Zweck beizusteuern, wenn diese Vollmacht sie nicht namentlich erwähne.[145]

Selbstverständlich konnte der <u>Papst</u> jederzeit eine außerordentliche Abgabe verlangen und er hat es auch gerade im Hinblick auf die Kreuzzüge öfter getan. So fordert z.B. Innozenz III. die Zisterzienseräbte auf, wie die übrigen Klöster ein Fünfzigstel ihrer Klostergüter für den geplanten Kreuzzug abzuführen. Zwei Jahre darauf dankt er dem Generalkapitel für zweitausend Mark Heilig-Land-Spende.[146]

II. DIE EXEMTION VON DER GEISTLICHEN GEWALT DES BISCHOFS.

1. Das Aufsichtsrecht des Bischofs

a) Synodale Bestimmungen.

Die erste Entscheidung über Rechte und Pflichten des Bischofs über die Mönche seiner Diözese fällte das Konzil von Chalcedon (451) in seinem berühmten Canon 4. Anlaß waren einige eutychianisch gesinnte Mönche, die sich der Jurisdiktion ihres Bischofs, den sie im Verdacht des Nestorianismus hatten, entzogen.

a) "... so beschloß die Synode, daß niemand irgendwo ein Kloster oder ein Bethaus errichten dürfe ohne Zustimmung des Bischofs der Stadt;
b) ferner, daß auch die Mönche jener Gegend und Stadt dem Bischof unterworfen seien, daß sie die Ruhe lieben ... an den Orten, wohin sie gewiesen, verharrend;
c) daß sie sich nicht mit kirchlichen und weltlichen Geschäften beschweren oder daran nicht beteiligen sollen ihre Klöster verlassend, außer wenn sie vom Bischof der Stadt in einem Notfall damit beauftragt sind ...
d) Derjenige aber, der diese unsere Verordnung übertritt, soll exkommuniziert sein, damit der Name Gottes nicht gelästert werde.
e) Der Bischof der Stadt aber muß sorgfältige Aufsicht über die Klöster führen."[147]

Die Klöster waren also grundsätzlich der geistlichen Oberaufsicht der Bischöfe unterworfen. Freilich war diese Gewalt, wie aus anderen Entscheidungen hervorgeht, nicht unbeschränkt. Nach der Synode von Arles 455 hatte er zwar das Recht, die Weihen zu erteilen, das Chrisma zu segnen, frem-

den Klerikern die Aufnahme in die Klostergemeinschaft zu
gestatten. Im übrigen aber sollten die Klöster frei sein.[148]
Der Bischof durfte nach einer Bestimmung der Synode von Karthago 535 in keinem Kloster für sich eine Kathedra errichten und niemand weihen ohne Zustimmung des Abtes. Auch das Wahlrecht dürfe sich der Bischof durchaus nicht anmaßen.[149]

Mit seltenem Scharfblick und großer Sachkenntnis grenzt Gregor der Große auf der Römischen Synode 601 die Bedürfnisse, Beschaulichkeit und Seelsorge, Kloster und Bischof, ab.

- a) Kein Bischof oder Laie darf das Eigentum eines Klosters unter irgend einem Vorwande beeinträchtigen.
- b) Gibt es Streit, ob ein Gut zu einer Kirche des Bischofs oder zu einem Kloster gehöre, so sollen Schiedsrichter entscheiden.
- c) Stirbt ein Abt, so soll nicht ein Fremder, sondern einer aus derselben Gemeinschaft von den Brüdern frei und einträchtig zum Nachfolger gewählt werden.
  Findet sich im Kloster selber keine taugliche Person, so sollen die Mönche dafür sorgen, daß einer aus einem andern Kloster dafür bestellt werde.
- d) Bei Lebzeiten des Abtes darf kein anderer Vorsteher dem Kloster vorgesetzt werden, außer wenn der Abt Verbrechen begangen hat, die in den Canones verpönt sind.
- e) Gegen den Willen des Abtes darf kein Mönch zur Leitung eines anderen Klosters oder zum Empfang der hl. Weihen ausersehen werden.
- f) Der Bischof darf kein Inventar über die Klostergüter aufnehmen und auch nach dem Tode des Abtes sich nicht in die Angelegenheiten des Klosters mischen.
- g) darf im Kloster keine öffentliche Messe halten, damit kein Zulauf von Leuten, auch Frauen, entstehe[150]
- h) darf keine Kanzel darin aufstellen,
- i) keine Anordnungen treffen
- j) und ohne Zustimmung des Abtes keinen Mönch zu irgendeinem Kirchendienst verwenden.

Nach dem Bericht quittierten die Bischöfe diese Entscheidungen Gregors d. Gr. mit den Worten: "Wir freuen uns über die F r e i h e i t e n d e r M ö n c h e und bestätigen, was eure Heiligkeit darüber aufgestellt hat."[152]
Zum erstanmal fällt hier das Wort "libertates". Sie sollen die Ruhe und Disziplin des Klosters gewährleisten. Freilich muß vermerkt werden, daß keine einzige dieser Bestimmungen, die allgemeines Kirchenrecht bilden sollten, sich in größerem Ausmaße durchsetzen konnte. Erst mit Erstarken des Papsttums wurde ihnen auf dem Wege einer mühsamen Einzelprivilegierung Geltung verschafft.

Die Synode von Toledo erfuhr 633, daß einzelne Bischöfe die Mönche wie Sklaven gebrauchen und die Klöster fast wie ihr Eigentum betrachteten. Die Synode schärfte daraufhin den Bischöfen ein, daß sie nur das Recht hätten, die Mönche zu einem heiligen Leben zu ermahnen und alles Regelwidrige zu verbessern. Allerdings gesteht die Synode den Bischöfen auch das Recht zu, die Äbte und andere Offizialen einzusetzen.[151]

Interessant ist, daß die Synode von Verneuil 755 dem Bischof kein unmittelbares Besserungsrecht zuspricht, sondern ihn anweist, das Kloster, das die Regel nicht beobachten will, dem Metropoliten zu melden, gelinge es auch diesem nicht, eine Besserung herbeizuführen, dann erst sollen die Verantwortlichen vor die Synode geladen und kanonisch bestraft werden.[153] Nachdem schon 742 die allgemeine Einführung der Benediktinerregel empfohlen worden war, wurde sie unter Karl d. Gr. in der Achener Synode im Jahre 802 feierlich (auf Befehl des Kaisers) allgemein eingeführt für alle Mönchsklöster.[154]

Welches Gewicht dem Canon 4 des Konzils von Chalcedon beigemessen wurde, ersieht man aus einer Entscheidung der Synode von Ansa bei Lyon im Jahre 1025,[155] auf welcher sich Abt Odilo von Cluny bzw. der Erzbischof der Nachbardiözese

wegen der Weihe von Cluniazenser Klerikern zu verantworten
hatten.Als Odilo das Exemtionsprivileg von Cluny vorwies,
auf Grund dessen Cluny auch das Recht habe, für die Weihen
einen beliebigen Bischof zu wählen, erklärten die anwesenden Bischöfe, daß der Bulle keine Rechtskraft zukommen, weil
sie den Verordnungen von Chalcedon zuwider sei. Das Konzil
über dem Papst? Die Entscheidung spiegelt die Ohnmacht des
Papsttums dieser Zeit wieder.
Das Recht der freien Abtwahl scheint im 10. und 11. Jh. eher eingeschränkt worden zu sein. Es gibt Klöster mit dem
Recht [156] der freien Abtwahl, für andere wiederum wählt der
König oder der Bischof den Abt.[157]

Auch in der gregorianischen und nachgregorianischen Zeit
wird betont, daß Äbte und Mönche unter dem Bischof stünden;
daß der Bischof die Klöster visitieren solle.[158] Der kurze
Rückblick zeigt die auffallende Tatsache, daß Freiheit und
Unfreiheit der Klöster stark mit der Stellung des Papsttums
verknüpft sind.

Bezeichnend ist die Entstehungsgeschichte der canones 18,
22 und 23 des Konzils im Lateran 1123, die besagen:[159]
"... die Mönche sollen sich ihren Bischöfen in aller Demut unterwerfen, sie als Lehrer betrachten und den Hirten
der Kirche Gottes den schuldigen Gehorsam erweisen. Sie
dürfen nirgends feierliche Messe halten; der öffentliche
Krankenbesuch, die Salbung und die Verwaltung der Buße
stehen ihnen nicht zu. In ihren eigenen Kirchen dürfen sie
nur Priester haben, die vom Bischof bestellt und ihm für
die Seelsorge verantwortlich sind."
Wie die Chronik von Monte Cassino erzählt, waren diesen
canones heftige Debatten zwischen Bischöfen und Mönchen vorangegangen. "Uns", sagten die Bischöfe, "bleibt nichts mehr
übrig, als Ring und Stab niederzulegen und den Mönchen zu
dienen.Diese haben die Kirchen, die Villen, die Ortschaften,
die Zehnten, die Oblationen für Lebende und Tote ... Mit

Hintansetzung der Sehnsucht nach dem Himmel begehren sie unersättlich nach den Rechten der Bischöfe ..." Im Verlaufe der Debatte ergriff auch Papst Calixt II. das Wort und schloß seine Verteidigung der Exemtion von Monte Cassino: "Die Kirche von Monte Cassino ist nicht von Menschen, sondern von Christus selbst gestiftet, auf dessen Befehl der Vater Benedikt diesen Ort wählte ... Darum beschließen wir, dem Beispiel unserer heiligen Vorfahren folgend, das Kloster Cassino mit all seinem Zubehör, von jeder andern Gewalt frei, einzig unter dem Schutze dieser heiligen Römischen Kirche stehe. Die übrigen Klöster aber sollen in der Lage verbleiben, in der sie sich von altersher befanden." Die Klagen der Bischöfe offenbaren, soweit sie zutreffen, ein massives eigenkirchliches Denken der Klöster, die Entrüstung der Bischöfe ist berechtigt. Was ihnen hier an Rechten entzogen wurde, wurde der Seelsorge entzogen. Ganz anders hingegen Citeaux, dessen Verfassung derselbe Papst erst bestätigt hatte. Was in Citeaux und seinen ersten Tochtergründungen hingegen geschah, war ein Aufbruch, ein neuer Anfang. Kein Bischof konnte sich beklagen, daß ihm Rechte streitig gemacht würden. Aber was die Mönche sich anderseits bestätigen ließen, erinnert stark an die "Freiheiten", die schon Gregor der Große den Mönchen zum Schutze ihres beschaulichen Lebens zugesichert wissen wollte; nur daß hier ein kraftvoll organisierter Klosterverband ständig bemüht war, diese Freiheiten um des beschaulichen Lebens, der "puritas regulae" willen, nach innen und außen zu sichern. Im letzten übernahm man diese Sicherung selbst. Der Bischof hatte zwar das Recht, darauf zu sehen, ob die Mönche ihre Regel lebten. Doch er war "saecularis", nicht "monachus". So behielt sich Citeaux, "wenn der Bischof, .. die Regelübertretung nicht berichtigen wollte, selbst das Korrektionsrecht vor. (CC^1 IX) Nach einigen Jahrzehnten wird der Bischof in der Ordensverfassung überhaupt nicht mehr erwähnt. (vgl. CC^2 24)

b) Ursachen der Befreiung.

Der kurze Rückblick zeigte, daß sicher nicht gesagt werden kann, in jedem Kloster der Frühzeit sei die "Exemtion" gerade d a s Problem des erwachenden Ordenslebens gewesen, zumal meist bischöfliche Kurie und Kloster räumlich viel zu weit auseinanderlagen. Die Bistümer waren meist Stadtbistümer, die Klöster hingegen lagen abseits. Und doch schaffen schon in frühester Zeit gewisse Momente die Vorbedingungen für die Exemtion. Ein erstes Moment ist wohl in dem Gegensatz zu suchen, in dem der abendländische Episkopat vielfach zum Mönchtum stand. Ein zweites Moment lag in den dauernden Zuständigkeitsstreitigkeiten zwischen Bischof und Kloster. Die Entscheidungen, die oben angeführt wurden, zeigen dies deutlich. In manchem, wie z.B. dem Wahlrecht des Konventes, dessen Gewalt über alle inneren Angelegenheiten, das Verbot für den Bischof, feierlich Messe zu lesen in Klosterkirchen, liegen schon bemerkenswerte Ansätze zur Exemtion.

Die U r s a c h e n der Streitigkeiten dürften vorwiegend folgende gewesen sein:
1) Einmischung des Bischofs in das innere Klosterregiment
2) Übermäßiger Einfluß des Bischofs auf das Amt des Abtes[160]
3) Abgabeforderungen des Bischofs.
   Die Synode von Tour (567) erklärt, die Klöster seien frei von Abgaben an den Bischof. Ebenso sind die Oblationen, die sie von den Gläubigen empfangen, abgabenfrei.[161] Gerade darüber hatten die Bischöfe so heftige Klage geführt auf dem Konzil im Lateran (1123).

Freilich darf man nicht übersehen, daß die kirchliche Organisation von Land zu Land verschieden durchgebildet war. In Afrika waren die Mönche ziemlich unabhängig. In Irland ist nicht eine bischöfliche Residenz, sondern das Kloster Zentrum. Seelsorge und Verwaltung besorgt das Kloster. Die irische Auffassung kam durch den Hl. Kolumban auf das Festland. Ihre Institution der Klosterbischöfe, die unter dem Einfluß der Iren auch in späteren Benediktinerklöstern des Frankenreiches anzutreffen ist, zeigt deutlich den Einfluß der Iren auf die Exemtion: Sie wollten nicht nur von der Jurisdiktionsgewalt, sondern auch von der Weihegewalt des Diözesanbischofs unabhängig sein. Die gewöhnliche Rechtswirkung der <u>Einzelexemtionen</u> dieser Epoche war, daß das Kloster dem Regierungsbereich des Bischofs gänzlich entzogen wurde; soweit diese Klöster die Weihegewalt eines Bischofs in Anspruch nehmen mußten, konnten sie sich einen Bischof frei auswählen, so daß also der Ortsbischof nur auf Einladung des Abtes ins Kloster kommen konnte.[162] Die Zahl dieser Klöster fällt kaum ins Gewicht, etwa vierzehn Klöster für das achte und neunte Jh. Dennoch ist bemerkenswert, daß der Exemtionsbegriff, der auf sie Anwendung findet, der schärferen Fassung Innozenz III. sehr nahe kommt.

c) Scheidung der Zuständigkeiten.

Ein weiteres Merkmal der Zeit vor 1200 ist die Tatsache, daß sich innerhalb der beiden Pole Chalcedon (i. J. 451), das die Klöster der "sorgfältigen" Aufsicht des Bischofs zuweist und anderseits der Römischen Synode unter Gregor I. (i. J. 601) und dem Konzil von Verneuil (im J. 755), die dem Bischof jedes Recht auf Einmischung in die inneren Angelegenheiten des Klosters absprechen und sogar dessen Besserungsrecht einer höheren Instanz, nämlich der Synode selbst, zusprechen, doch eine gewisse Scheidung der Zuständigkeiten herauskristallisiert.

Dem Bischof bleiben unbestritten, wenn man von den irischen Befreiungsversuchen absieht: die Ordinationsrechte und Weiherechte, das Recht über die Seelsorge, das Oberaufsichtsrecht über Disziplin und Besitztum des Klosters (mit Visitationsrecht und unter Umständen Absetzungsrecht des

Abtes.[163] Eines ist freilich nicht zu verkennen: Das erstarkende Cluniazenser-Reformpapsttum ist immer mehr geneigt, die Klosterreform selbst in die Hand zu nehmen. Klare Anzeichen dafür sind die Verleihung des privilegium commune, die immer zahlreichere Ausstellung von Schutz- und Privilegienbullen, verbunden mit Verleihung von Privilegien, welche alte synodal immer wieder geforderte, aber oft von Bischöfen mißachtete Klosterrechte auf dem Weg des Privilegiums von sich aus sichern (wie Z.B. die freie Abtwahl) oder durch Bestätigung von Ordensstatuten einen ganzen zentral geleiteten Ordensverband dem Diözesanrecht mehr oder weniger entziehen. Als Recht des K l o s t e r s aber setzt sich durch: Die freie Abtwahl, soweit nicht das Recht des Gründers oder des Eigenkirchenherrn dagegensteht, die hausherrliche Gewalt des Abtes und damit sein ausschließliches Recht in den inneren Klosterangelegenheiten einschließlich des Rechtes, seine Mönche zur Weihe zu präsentieren, endlich das Eigentumsrecht am Klostergut. (vgl. Anm. 163)

d) Der päpstliche Schutz und das Aufsichtsrecht des Bischofs

Die obigen Grundsätze wurden durch die Synoden immer mehr und mehr eingeschärft. Der päpstliche Schutz festigte die Eigentumslage der Klöster. Mit der Aufnahme von Klöstern welche die Eigentumsübertragung nicht vollzogen und mit dem weiteren Erstarken des päpstlichen Einflusses in der nachgregorianischen Zeit wird die Schutzbulle immer mehr auch Privilegienbulle; aus der "libertas", die sich vor allem gegen den germanischen Eigenkirchenherrn, den laikalen Besitzer wendet, werden die "libertates", welche auch die Rechte des Bischofs weiter beschneiden. Es ist bemerkenswert, daß sich diese Privilegierung im Rahmen der Schutzbulle abspielt obwohl Schutz und Exemtion zwei voneinander unabhängige Rechtsinstitute sind. Es sind wenige Briefe ohne Schutzformel vorhanden und selbst dann darf man nicht daraus schlies-

sen, daß der Schutz nicht gegeben war. Denn das Privileg
kann den Charakter der Bestätigung haben, der ein Schutzbrief vorausgegangen ist. So erfolgt nach der Schutzbulle
für Citeaux die Bestätigung der Carta Caritatis durch eine
reine Bestätigungsbulle Calixt II. (Es ist allerdings nicht
zu verkennen, daß die Entwicklung des privilegium commune
und dann besonders das Aufkommen der Orden das Schutzinstitut immer mehr in Verfall brachte.) Anderseits ist aber zu
beachten, daß sich Schutz und Exemtion nicht gegenseitig
bedingen. Es kann der Schutz allein bestehen, ebenso die
Exemtion. Und es können beide zugleich einem Klostersubjekt
zukommen.[164] In den meisten Fällen aber, und das werden wir
bei der Untersuchung der Privilegierung des Zisterzienserordens sehr wohl zu beachten haben, läßt sich ein Schutzprivileg wegen der Beimengung von Privilegien aller Art oft
nur schwer von der Exemtion unterscheiden. Um hier genau
und scharf zu trennen, wäre zumindest eine eindeutige Formulierung und ein festumgrenzter Umfang des Begriffes Exemtion notwendig. Aber gerade das ist in unserem Zeitraum,
zumindest im 12. Jh., nicht gegeben.[165]

2. D e r   B e g r i f f   d e r   E x e m t i o n .

Um die Privilegierung eines Ordens und damit auch seine
Eximierung darzulegen, ist in erster Linie notwendig, dem
Begriff der Exemtion zu bestimmen, und zwar wie er in dem
zu behandelnden Zeitraum verstanden wurde. Aber gerade dieser Begriff der Exemtion ist zu einem Kernproblem angewachsen, das bis heute noch keine befriedigende Lösung gefunden
hat.

Fürs erste ist dieser Begriff von verschiedenen Bearbeitern der mittelalterlichen Beziehung Kurie und Kloster einerseits und Bischof und Kloster anderseits verschieden definiert worden. Daher wird es unsere Aufgabe sein, diese
Lösungsversuche aufzuzeigen und bei der Durchsicht der Zi-

sterzienserprivilegienbullen vor Augen zu haben. Dann müssen aber auch andere Formulierungen in den Bullen, wie z.B. den bischöflichen und den päpstlichen Vorbehalt, "nullo mediante", "specialiter (protegi), "libertas", u.s.w. beachtet werden, da der Hauptbegriff der "Exemtion" juridisch nicht eindeutig vorlag.

a) Exemtion als Befreiung von der "Strafgewalt " des Bischofs

Schreiber hat in seinem großartigen Werk [166] seinen Vorgänger in der Bearbeitung des gleichen Stoffgebietes Blumenstok heftig kritisiert, weil er in jeder Schutzerteilung schon eine Eximierung des Klosters gesehen habe. Blumenstok, der auch gern von "Exemtionen"-Befreiungen spricht, scheint in jeder Schutzerteilung eine "gewisse" Exemtion gesehen zu haben. In einem weiteren Sinne ist das ohne Zweifel richtig. Schutz bedeutete eine Einschränkung, sei es der bischöflichen sei es auch der königlichen eigenkirchlichen Gewalt in vermögensrechtlicher Hinsicht. Aber abgesehen davon, daß die freie Verwaltung des Klostereigentums eigentlich schon vom allgemeinen damaligen Kirchenrecht her gegeben gewesen wäre (vgl. oben 29 f) (wenn man vom Eigenkirchenrecht absieht), so muß man doch sagen, daß dieser weite Begriff nicht genügt. Zudem ist für unseren Zeitraum gesichert, daß ihm eine jurisdiktionelle Bedeutung zukommt. Der größte Vorwurf trifft aber Blumenstok von seiten Schreibers, wenn jener die Behauptung wagt, "daß die päpstliche Kanzlei die Befreiung von der bischöflichen Strafgewalt als selbstverständliche Folge des Schutzes ansah", ja noch mehr, "diese Folge trat immer ein ohne Rücksicht auf die Erlaubnis des betreffenden Ordinarius, bildete einen integrierenden Bestandteil des päpstlichen Schutzrechtes, so daß man es nicht mehr in allen Fällen für nötig erachtete, davon zu sprechen und die Hinweglassung diesbezüglicher Bestimmungen aus demselben Grund wie die Hinweglassung s e l b s t v e r s t ä n d -

l i c h e r Sachen erfolgte."[167] Wo es nicht so ist, deutet es Blumenstok als Konzession zugunsten des Bischofs; es konnte ausdrücklich angeordnet werden, daß diese Befreiung nur da stattfinde, wo der Bischof ohne sichtbaren Grund die Zensur ausspreche. Wir hätten in der letzten Bemerkung Blumenstok eine einleuchtende Erklärung der Tatsache, daß in Bullen, die den Zisterzienserorden der Zensur des Bischofs entziehen, immer auch klar gesagt wird, w e l c h e Zensur gemeint ist. Immer wird gesagt: die Zensur wegen Nichtbezahlung des Zehnten, die Zensur wegen Leistung des alten (für die Bischöfe nichtssagenden)Öbödienzeides mit der Klausel "salvo ordine meo", die Zensur wegen nichterfüllter Abgabenforderungen ist ungültig und zwar auf Grund eines bisher beobachteten Rechtes. Diese Auffassung hat Schreiber verworfen. Zu den von Blumenstok angeführten Urkunden[168] äußert sich Schreiber nicht. Er selbst bringt als Beleg für seine Auffassung nur ein Schreiben Alexanders III. an den Bischof Troyes, in dem der Papst mitteilt, er ziehe die siebenjährige Befreiung ("exemtio") der Kanoniker von St.-Etienne-Troyes von der Strafgewalt des Bischofs zurück, weil wegen dieser Exemtion der Friede des Bistums gestört worden sei. Daraus fühlt sich Schreiber in seiner Ansicht bestärkt, daß Exemtion der Befreiung von der Strafgewalt des Bischofs gleichkomme. Daß man aber d i e s e Exemtion nicht verallgemeinern darf, zeigt die Tatsache, daß einmal der Ausdruck in diesem Zeitraum noch fließende Bedeutung hat und daß sich anderseits diese Verallgemeinerung mit anderen Dekretalien nicht deckt. Das Wort "exemtio" ist verhältnismäßig späten Datums. Schreiber selbst vermag für das 12. Jahrhundert nur sieben Fälle namhaft zu machen, von denen er zwei als zweifelhaft ablehnt. Als erster scheint Paschalis II. auf, ohne damit eine wirkliche Exemtion zu bezeichnen.[169] Alexander III., unter dem die Befreiungsbestrebungen von der bischöflichen Weihe- und Regierungsgewalt am meisten toben (siehe extensive Interpretation der Schutzbriefe), bemüht sich um die rechtliche Fixierung des Verhältnisses zwischen Bischof und Kloster.[170] Auch unter Innozenz III. ergehen noch Entscheidungen über dasselbe Problem. Auch er muß noch feststellen, daß Schutz nicht Exemtion schlechthin bedeute. Dann trifft er die bedeutsame Unterscheidung zwischen exemtio partialis und totalis.[171] Aber selbst unter Bonifaz VIII. bedarf die Exemtion noch erklärender Erläuterungen.[172] Man wird also zumindest sehr vorsichtig sein bezüglich einer verallgemeinernden Übertragung der "Exemtion schlechthin" auf die allgemeine Strafgewalt des Bischofs.

Für die Zwecke seiner Untersuchung hält es Schreiber für notwendig, den Begriff folgendermaßen zu formulieren: Exemt ist jedes d e r S t r a f g e w a l t d e s O r d i n a r i u s e n t z o g e n e K l o s t e r . Die Loslösung von der Strafgewalt des Bischofs könne man mit gutem Grunde als die "Exemtion schlechthin" bezeichnen. Schreiber sieht die Möglichkeit einer teilweisen Exemtion, aber bei allen Klöstern, die mit d i e s e r Freiheit begabt waren, sei der Unterschied nicht essentieller, sondern nur gradueller Natur. Dieses Privileg schloß, so meint Schreiber, für gewöhnlich eine Summe anderer Bevorrechtungen in sich und war doch wichtiger als sie alle insgesamt. Diese "exemtio schlechthin" erreicht den Grad einer "exemzio totalis" nach Schreiber, wenn der Bischof gegenüber der Verweigerung aller seiner Rechte aus Lehr-, Weihe- und Regierungsgewalt von Seiten eines Klosters nicht mehr strafen bzw. zensurieren kann.[173] Wendet Schreiber s e i n e n Begriff auf die Ansicht Blumenstoks an, daß der päpstliche Schutz automatisch Straffreiheit nach sich zog, dann ergibt sich die notwendige Folgerung, daß die Erteilung des Schutzes der Erteilung der Exemtion gleichkomme.[174]

Bedenkt man aber die Tatsache, daß der Schutz seinem Wesen nach materiell-rechtliche Sicherung besagt, also nur uneigentliches bischöfliches Recht betrifft und mehr allgemeines synodales Kirchenrecht, nämlich die Vermögensfreiheit des Klosters, die er nicht einmal neu schafft, sondern nur bekräftigt, dann ist auch die Überlegung nicht so ohne weiteres von der Hand zu weisen, daß es dem Bischof eigentlich nicht zusteht, sein vermeintliches Recht durchzusetzen und wegen einer bestimmten päpstlichen Zusicherung deren Inhaber zu zensurieren. Es stand im 12. Jahrhundert wohl außer Frage, ob es dem Bischof überhaupt auf Grund eines b e - s t i m m t e n Privilegs, das vom Papst erteilt wurde, zustand, wegen dessen Ausübung eine Zensur zu verhängen, mag ihm auch sonst aus a n d e r e n Gründen sein Strafrecht, das aus seiner Regierungsgewalt erfließt, unbestritten gewesen sein.[175] Jedenfalls steht ein solches Privileg bzw. ein Rechts- oder Gnadenakt des Papstes in einem merkwürdigen Lichte, wenn es dem Bischof erst auf ausdrückliche Mahnung und auf ausdrückliches Verbot hin nicht mehr möglich ist, die Ausübung und den Gebrauch des päpstlichen Privilegs zu behindern und eine gültige Exkommunikation und Suspension zu verhängen. Anderseits war die Ausübung der materiellen Unabhängigkeit erschwert, wenn sie der Ordinarius auch fernerhin durch die Verhängung der schwersten, selbst von gekrönten Häuptern gefürchteten Kirchenstrafen illusorisch machen konnte. "So waren die Strafen einer allgemeinen Exkommunikation oder eines allgemeinen Interdikts in der Hand des Bischofs gefährliche Waffen gegen die Klöster und sie hätten sich ohne offenen Rechtsbruch anwenden lassen. Und war sie einmal angewandt, so bestand zwar die Möglichkeit, nach Rom Zuflucht zu nehmen, aber Rom war weit."[176] So scheint die Annahme berechtigt, daß im Rahmen des Schutzprivilegs den Bischöfen das Recht entzogen wurde, Klöstern gegenüber Exkommunikation oder Interdikt zu verfügen. Blumenstok führt dafür Beispiele aus dem Zeitraum von 979 - 1o99 an.[177] Es scheint allerdings eine gewagte Behauptung Scheuermanns zu sein, daß schon auf diesem Wege die g e s a m t e Gerichtsbarkeit über das Kloster aufgehoben wurde.[178] Die von

Blumenstok genannten Dokumente deuten schon auf eine zusätzliche Privilegierung der betreffenden Klöster hin, gegen die dem Bischof eben auch das Strafrecht entzogen wurde. Es fällt ja in dieser Periode überhaupt auf, daß viel mehr als früher mit dem Schutz zahlreiche andere Privilegien mitverbrieft wurden, welche, da sie rein geistlich-jurisdiktioneller Natur waren, mit dem Schutz eigentlich nichts zu tun hatten. Man mag gegen die Ansicht, daß mit dem Schutzbrief und der damit gegebenen materiell-rechtlichen Sicherung des Klosters allmählich, spätestens aber am Beginn unserer Periode, auch die strafrechtliche Sicherung in vermögensrechtlicher Hinsicht mitgegeben war, noch einwenden, daß diese Sicherung ja schon durch die der Schutzbulle beigegebenen strengen Strafandrohungen genügten. Da aber die päpstliche Exkommunikation, die meist als solche Strafandrohung aufscheint, höchstens in dem Falle eintreten konnte, wo der Schutzurkunde direkt zuwidergehandelt wurde, erwies sich diese Strafandrohung als ungenügend. Denn alle jene so häufigen Fälle, bei denen eine Bestimmung der Urkunde mit Geschick umgangen und der Anstalt dadurch höchstes Unrecht zugefügt wurde, wären straflos ausgegangen. Daher scheint die Folgerung nicht unberechtigt, daß den zu Beeinträchtigungen geneigten Kirchenfürsten die freie Verfügung über Exkommunikation und Interdikt aus materiellrechtlichen Gründen entzogen wurden, wird doch Schreiber selbst nicht müde, die Stellung der Bischöfe für unsere Periode dahingehend zu charakterisieren, daß es für die ganze Auffassung des Verhältnisses von Bischof und Kloster im 12. Jh. wichtig sei, "den Bischof als den angreifenden Teil aufzufassen, neben dessen Exzessen und Anmaßungen klösterliche Übergriffe weit zurücktreten."[179]
In unserer Ansicht, daß Vermögensfreiheit mit Straffreiheit in Vermögensfragen verbunden war, bestärkt uns weiter ein Dekretale von Urban II. (1096), das Du Cange anführt:

"Sancimus ... ne quis ulterius archiepiscopus aut episcopus adversus eandem ecclesiam audeat excommunicationis aut interdictionis proferre sententiam, q u a t i n u s idem monasterium ex ipsius B. Aegidii traditione sanctae Romanae Ecclesiae propria subditum, Romanae semper Libertatis gratia perfruatur."[180]

b) Exemtion als Befreiung von der Jurisdiktion des Bischofs.

Exemtion ist im 11. Jh. ziemlich sicher noch kein fester Begriff.[181] Ebensowenig scheint das im 12. Jh. der Fall zu sein (vgl. oben). Dazu kommt er zu wenig häufig vor. Das Bemühen des großen Kanonisten Alexander III. bezüglich der Freiheiten eines Klosters gegenüber dem Bischof klare Begriffe zu schaffen, bediente sich anderer, meist in der Rechtstradition verwurzelter Ausdrücke (mit Ausnahme von "nullo mediante"). Der Brief an seinen Legaten "Recepimus" von 1179, der immer wieder seit Blumenstok als Beweis dafür angeführt wird, daß Alexander zwischen Schutz und Exemtion klar unterschieden habe, kann nach einer berechtigten Kritik von Rieger nicht als solcher angesehen werden.[182] Wohl aber ist immer wieder von "libertates", "abbatia libera", "liber existere" die Rede; im eben angeführten Dekretale spricht Alexander vom Zins, der "ad indicium protectionis", und jenem, der "ad indicium libertatis" gezahlt werde. Das Kloster konnte also Freiheiten gegenüber seinem Ortsordinarius besitzen, die etwa einer Teilexemtion gleichkommen. Aber den heutigen komplexen Begriff einer Totalexemtion dürfen wir in das 12. Jh. nicht hineinmanipulieren. Einfachhin eine Pauschalexemtion im heutigen Sinne zu erteilen, das wäre nach dem damaligen Recht eine ebenso unverstandene wie wirkungslose Maßnahme gewesen. Das privilegium commune für Cluny ist nur der Stempel auf eine lange Entwicklung, in dem die Abtei ihre Zellen dem Mutterkloster gleichzustellen versuchte. Es gelang ihr unter Paschal II., dem ehemaligen

Großprior von Cluny.[183] Man war im Gegenteil an der Kurie sehr darauf bedacht, Klosterfreiheiten, welche die Rechte des Ortsbischofs einschränkten, als Einzelfreiheiten genau zu bestimmen und zu erteilen. Jede Freiheit gegenüber den Rechten des Bischofs mußte ja durch einen eigenen Rechtstitel nachgewiesen werden. Das Recht des Bischofs war allgemeines Recht, das des Klosters Sonderrecht.[184] Daß Straffreiheit in vermögensrechtlichen Dingen dennoch eine selbstverständliche Folge des Schutzes sein konnte, ist denkbar, wenn man das Alter dieses Rechtsinstitutes und die geringe Einschränkung der eigentlichen Rechte des Bischof bezüglich Weihe und Regierungsgewalt berücksichtigt. Die Bischöfe haben auch bis ins dritte Viertel des 12. Jhs. dem Schutzinstitut kaum Schwierigkeiten in den Weg gelegt.

Eine Erscheinung zeigt auch deutlich das Rechtsempfinden der Zeit, das auf den Nachweis konkreter Freiheiten Wert legte. Als die großen zentralisierten Klosterverbände und Mönchskongregationen entstanden, die ihre Freiheiten auf dem Wege des privilegium commune [185] empfingen, mußten die Päpste, um den Gliedklöstern nun auch wirklich zu diesen Freiheiten zu verhelfen, wie bei anderen Einzelklöstern diese Freiheiten auf dem Weg des Einzelprivilegs durchsetzen. (Im 15. Jh. geben die Päpste aus diesem Gedanken heraus auch das Privileg, daß die Abschrift einer solchen Bulle, versehen mit dem Siegel eines Abtes, denselben Dokumentationswert wie die Urbulle haben solle.)[186]

Einen noch wirkungsvolleren Weg scheint dann Innozenz III. beschritten zu haben. Er stellt zwar viele Schutzbullen für Zisterzienserklöster aus, in denen ihre Freiheiten bestätigt werden, vor allem die damals hochaktuelle Zehntfreiheit, zieht es aber im übrigen vor, die Bischöfe selbst zu ermahnen, auf die Freiheiten der Zisterzienserklöster in ihren Sprengeln zu achten, und Klosterbedränger exemplarisch zu bestrafen.[187] Darauf ist es auch zurückzuführen, daß, wie schon Koendig [188] aufgefallen ist, unter seinem Pontifikat sehr wenige Privilegienbullen für den Gesamtorden zu verzeichnen sind.

Alle diese rechtlichen Erscheinungen zeigen, daß im 12. Jh. die Zeit für eine Pauschaleximierung noch nicht reif war. Das schließt natürlich nicht aus, daß im Effekt nicht dasselbe sogar in großem Umfange erreicht wurde auf dem Wege der Erteilung von "Freiheiten", also praktisch durch Privilegienkumulation. Es ist aber wichtig, dies immer vor Augen zu haben, wenn man zu einem objektiven Urteil über Exemtion oder Nichtexemtion eines Klosters oder eines Ordens, besser gesagt, über den Stand seiner Freiheiten gegenüber dem Bischof kommen will. Es wird also notwendig sein, sorgsam den einzelnen Elementen der "libertas" und damit der Exemtion eines Klosters bzw. eines Ordens nachzugehen.

Auch Schreiber sah sich in der Frage der Erkennbarkeit der Exemtion im Einzelfall genötigt, die einzelnen Elemente bzw. Freiheiten aufzusuchen [190], nur ist seine Fragestellung gemäß seinem Exemtionsbegriff (Freiheit von der Strafgewalt des Bischofs) eine andere. Er fragt nämlich: Welche Kriterien sind geeignet, eine solche Exemtion sicher oder zumindest wahrscheinlich erkennen zu lassen? Und wo liegen sie vor? So hält er z.B. die Pflicht zum Obödienzeid für unvereinbar mit der Exemtion.[191] Anderseits sei eine exemte Stellung aus dem außerordentlichen Vorrecht zu folgern, die heiligen Öle jährlich von einem beliebigen Bischof einholen und diesen auch um die Konsekration der Altäre bitten zu dürfen (wie es einem oberitalienischen Kamaldulenserkloster erlaubt war).[192] Und besonders der "ad indicium libertatis" gezahlte Zins sei (nach Blumenstok und Schreiber, vgl. S. 54f) seit Alexander III. Dekretale "Recepimus" ein klares Anzeichen für Exemtion. Eine Auffassung, die nicht haltbar ist.

Wir halten diesen Schluß von einem Sonderrecht (und damit verbunden natürlich Straffreiheit bei dessen Gebrauch) auf ein anderes und gar auf ein allgemeines, die bischöflichen Rechte ganz oder fast völlig ausschließendes Privilegium für unberechtigt, es sei denn, man bezeichnet die Straffreiheit für die Ausübung des Sonderrechtes als Exemtion.[193] Unsere Fragestellung wird sein: Welche Freiheiten und Sonderrechte wollte der Papst wirklich erteilen? Gerade den Zins wies Alexander III. als Kriterium für bestehende Sonderrechte zurück und verwies in seinem Schreiben an den Legaten auf den genauen Inhalt des betreffenden Privilegiums. Daraus sei die Sonderstellung des Klosters zu beurteilen.

Für die praktische Bearbeitung der Zisterzienserprivilegien werden wir uns also mit Nutzen folgende Unterscheidungen vor Augen halten: Exemtion von der Strafgewalt des Bischofs einerseits; vollständige Exemtion oder libertas anderseits. Ferner: Exemtion oder Freiheit von der Jurisdiktionsgewalt einerseits; Exemtion oder Freiheit von der Weihegewalt anderseits. Wir sehen zwischen Gliedern der ersten Unterscheidung mit Schreiber einen graduellen Unterschied. In der letzten Unterscheidung der Exemtionen aber einen essentiellen Unterschied entsprechend den wesentlich verschiedenen Gewalten des Bischofs, von denen sich die eine von der andern nicht unmittelbar ableiten läßt, zumindest kirchenrechtlich; das theologische Verhältnis steht hier nicht zur Debatte und ist übrigens als Problem neueren Datums.[194]

Für die theoretische Klärung des Begriffes der Exemtion im 12. Jh. bringt Mathis [195] die Schrift eines Dominikaners Hervaeus Natalis über Jurisdiktion und Exemtion aus dem Jahre 1311 bei, von der er annimmt, daß sie die Auffassung des 12. Jhs. wiedergebe. In ihr wird Exemtion definiert als "... subtractio exemti a potestate seu jurisdictione illius a quo dicitur eximi."
Unter Jurisdiktion versteht Hervaeus Natalis:

" ... potestas judicandi, prohibendi, praecipiendi, accipiendo potestatem iudicandi secundo modo (id est) pro potestate ferendi sentenciam super aliquos cum quadam obligatione, ut scilicet illi, de quibus sententiatur, debeant haberi a republica pro talibus, quales esse sententiantur" (Ms 10497, f. 35)

Inwiefern diese Definition, die immerhin erst hundert Jahre nach Innozenz III. in einem Werk aufscheint, die Rechtsanschauung des 12. Jhs. wiedergibt und nicht von der Legaldefinition Innozenz III. beeinflußt oder übernommen ist, läßt sich schwer beurteilen. Man muß wohl eher annehmen, daß die rechtsschöpferische Arbeit dieses Papstes endlich weitgehende Klarheit über diesen Begriff gebracht hat.

Innozenz III.[196] bestimmt in einer Legaldefinition das "freie Kloster": "C o e n o b i u m   t a m q u a m   a b   e p i s c o p a l i   i u r i s d i c t i o n e   p r o r s u s   e x e m t u m   e t   s o l i   R o m a n a e   E c c l e s i a e   s u b j e c t u m ,   t u t e l a   t a m e n   r e s e r v a t a   e p i s c o p o". Er legt in einem andern Dekretale [197] eingehend dar, daß die Aufnahme in den päpstlichen Schutz nicht einer Exemtion gleichkomme. Eine andere [198] in unserem Zusammenhang sehr wichtige Feststellung, die der Glossator als bemerkenswert (notabilis) und auf viele analoge Rechtsfälle anwendbar (multum allegabilis) charakterisiert, umreißt den Begriff der exemtio partialis: Exemtion im Hinblick auf ein bestimmtes Rechtsobjekt oder einen bestimmten Ort besage nicht Exemtion im Hinblick auf ein anderes Rechtssubjekt bzw. einen andern Ort.

3. **Mittelbare Kriterien zur Bestimmung der Exemtion eines Institutes.**

Unmittelbar ließe sich natürlich die Eximierung einer Anstalt oder eines Ordens am leichtesten aus dem Gebrauch des Begriffes "eximere" in einem juridisch genau festgelegten Sinn ersehen. Aber, wie wir schon feststellen konnten, ist weder das eine noch das andere der Fall. Das Wort wird selten gebraucht und dann nur in einem wenig umrissenen Sinn. Als mittelbare Kriterien bieten sich da nun einige andere häufig in den Privilegienbullen vorkommende Begriffe an. Freilich werden sie uns nur insoweit von Nutzen sein, als wir ihre rechtliche Bedeutung kennen. Unsere nächste Aufgabe wird daher sein, Inhalt und Umfang dieser Begriffe zu bestimmen, so weit sich natürlich eine solche vornehmen läßt. Dabei handelt es sich um folgende Rechtsbegriffe:
    a) libertas (jus)
    b) tutela specialis (protectio specialis)
    c) "salva sedis apostolicae auctoritate" (= der päpstliche Vorbehalt)
    d) "nullo mediante"

a) "Libertas"

Libertas ist ursprünglich das Ergebnis und die Folge des Schutzes: Freiheit und Sicherstellung vor dem Eigenkirchenherrn.[199] Damit war in der Entstehungszeit des Schutzes in erster Linie der laikale Eigenkirchenherr gemeint. Die germanische Auffassung in Vermögensdingen sah keinen Widerspruch darin, fromme Stiftungen, Klöster und Pfarrkirchen als willkommene und sichere Einkommensquellen zu betrachten und auszubeuten. Aber auch Bischöfe waren von dieser Auffassung nicht frei. Daß diese Blickrichtung auf vermögensrechtliche Dinge der Klosterreform nicht zuträglich war, liegt auf der Hand. In dem Maße nun, in dem Bischöfe wie laikale Eigenkirchenherrn, diesem Denken verhaftet, eine gesunde innere Entwicklung der Klöster sogar behinderten, in dem Maße erstrebte man auch ihnen gegenüber "libertas"; eine Entwicklung, die dann nicht stehen blieb bei vermögensrechtlichen Fragen, sondern, wie wir schon feststellen konnten, auch auf das Gebiet der bischöflichen Jurisdiktion und Weihegewalt übergriff. Die zweite Hälfte des 12. Jhs. bildet einen Höhepunkt, der freilich später-außerhalb unserer Periode - noch einmal eine Verschärfung erfuhr durch die Erteilung der aktiven Exemtion an die Bettelorden. Wir müssen also einen fließenden Bedeutungswandel dieses Begriffes annehmen, [200] der rechtshistorisch nur dann einigermaßen, und dann nur im Einzelfall erfaßbar ist, wenn man den Ausstellungsgrund für die Privilegienbulle beachtet. Er läßt sich für gewöhnlich aus dem Bitten der Anstalt selbst oder Empfehlungsschreiben dritter ersehen.[201] In diesem Punkt sind wir in der glücklichen Lage, bezüglich der ersten Schutzbulle an Citeaux gleich drei Suppliken und ein ausführliches exordium zu besitzen.

In diese fließende Entwicklung scheint wiederum der grosse Kanonist Alexander III. erstmals klärend und abgrenzend eingegriffen zu haben. Wir sehen den Grad der Verwirrung, den die weithin wuchernde extensive Interpretation dieser libertas angerichtet hat, aus der Tatsache, daß das Schreiben an den Legaten des Papstes ergeht. Dieses Schreiben scheint jedoch heute noch mißverstanden zu werden; deshalb müssen wir auf diese klärende Bulle Alexander III. näher eingehen.

Es handelt sich um das Schreiben "Recepimus" aus dem Jahre 1179.[202] Es ist in mehr als einem Punkt aufschlußreich. Es unterrichtet uns über die Rechtstitel, deren sich die extensive Interpretation zur Durchsetzung ihres Anspruchs bediente: "specialiter beati Petri juris existere"; Zahlung des Rekognitionszinses "ad indicium protectionis" und besonders die "ad indicium libertatis".

Dann erhalten wir indirekt Aufschluß über die Stellung des Schutzes zur Exemtion.

Endlich berührt die Bulle die Bedeutung des Begriffes "libertas". Diese Erklärung Alexanders III. scheint heute erneut auf Grund vorgefaßter Meinungen einer extensiven Interpretation zum Opfer gefallen zu sein, die Alexander gerade bekämpfen wollte. Nach der Exegese von Blumenstok und Schreiber erklärt Alexander in diesem Dekretale, daß jene Klöster, welche den Zins "ad indicium libertatis" zahlen, e x e m t seien, während jene, welche ihn "ad indicium protectionis" zahlen, nicht exemt seien; dabei scheinen Blumenstok und Schreiber den Ausdruck "exemt" im vollen Sinn des kanonistischen Terminus einer späteren Zeit zu verstehen.[203]

Wie sich diese Bedeutung der beiden Begriffe entwickelt hat, darüber sind sie verschiedener Meinung. Blumenstok nimmt einen völligen Bruch mit der ursprünglichen Bedeutung der beiden Begriffe an. Es sei eine Trübung der Begriffe eingetreten, ab 1150 hätte man sie dann falsch verstanden, das heißt, man hätte vergessen, daß libertas untrennbar eine Folge der protectio gewesen sei, und Alexander III. hätte willkürlich die Bedeutung in der oben angegebenen Weise sanktioniert. Schreiber glaubt eine organischere Entwicklung annehmen zu müssen. Die alte "libertas", die Sicherstellung vom Eigenkirchenherrn hätte man allmählich vergessen, dafür hätte sich der Begriff (synonym auch "jus") "mit Exemtionsinhalt erfüllt und so wuchs er sich allmählich zu einem Kriterium der Exemtion aus."[204] "Im Gegensatz dazu mußte die Zinszahlung ad indicium protectionis sich absondern und archaisch erscheinen; die Bezeichnung "protectio" besaß weder die sprachliche noch die sachliche Fähigkeit, sich dem Exemtionsgedanken anzubequemen."

Diese Exegese ist auch in neuere Arbeiten eingedrungen.[205] Zunächst ist zu bemerken, daß die beiden Autoren schon dem Rekognitionszins als solchem eine unterschiedliche Bedeutung

zuerkennen. Für Blumenstok hat er kaum eine Bedeutung.[206]
Schreiber hält ihn für den Rekognitionszins des Eigentums
allein. Die Ausdrücke "ad indicium protectionis", "libertatis" seien ursprünglich synonym gewesen zu "ad indicium
proprietatis". Auch die nichttradierten Klöster hätten auf
diesen Eigentumstitel Zins gezahlt. Erst später, im Zuge der
Exemtionsbestrebungen des 12. Jhs. und dem Bestreben der Kurie, unklare Rechtszustände zu beseitigen, wäre die ursprüngliche Eigentumsbedeutung all dieser Begriffe verwischt
worden.[207] Mit Recht kann man bei dieser Zinsauffassung mit
Rieger [208] die Frage stellen, ob es nicht möglich ist, die
Termini in ihrer ursprünglichen Bedeutung zu nehmen. Neun
Zehntel des Zinses wurden "ad indicium libertatis" gezahlt
und das "ad indicium proprietatis" kommt sehr selten vor;
und dann war wirklich eine "libertas" da, gegenüber Eigenkirchenherrn und oft auch eine solche gegenüber dem Bischof.
Gewiß haben die Klöster dann im 12. Jh. die Bedeutung dieser
im Zins angedeuteten "libertas" überschätzt, aber man kann
nicht behaupten, die Kurie habe diese Umdeutung und Ausweitung der "libertas" wohl oder übel sanktioniert. "Recepimus
litteras" ist im Gegenteil der Beweis dafür, daß der wohlunterrichtete Kanonist "nicht um Haaresbreite" von der alten Auffassung abweicht. Dem unvoreingenommenen Leser des
Dekretale wird folgendes gesagt:
1. Die Zahlung des Zinses an und für sich ist für die Stellung des Klosters dem Bischof gegenüber irrelevant.
2. Man muß auf den Wortlaut des Privilegiums achten: steht
im Privilegium, daß die Kirche "specialiter b. Petri
juris existat" und "ad indicium libertatis" zahlt, dann
wird sie sich wohl nicht mit Unrecht (irgend) eines speziellen Vorrechts erfreuen. Zahlt sie aber "ad indicium
(perceptae) protectionis", so kann man aus dieser protectio allein irgend eine Bevorzugung zu Ungunsten der
bischöflichen Gewalt nicht folgern.

Alexander gebraucht für "libertas" "praerogativa". Daß dies i r g e n d e i n e war, für die man jeweils die einzelne Urkunde zu raten ziehen müsse und nicht, "exemtum schlechthin", scheint aus dem Zusammenhang klar.[209] Nur so ist auch erklärbar, daß auch noch nach diesem Dekret die Ausdrücke "libertas" und "protectio" promiscue gebraucht wurden. Schließlich gibt uns der Glossator durch die Formulierung seines Summariums noch eine aufschlußreiche Interpretation, wenn er zusammenfaßt: "Per solutionem census, quae fit Romanae ecclesiae, non probatur exemtio a jurisdictione episcoporum". Per solutionem census ... non probatur exemtio - also auch nicht durch die "adindicium libertatis". Der Papst schließt das Dekret mit der Bemerkung, daß er die "iura"des Bischofs gewahrt wissen wolle, wie er die seinen zu wahren wisse; ohne Zweifel ist das auf die zu seiner Zeit grassierende extensive Interpretation gemünzt.

b) "Tutela specialis".

Auch dieser Begriff fand eine unterschiedliche Auslegung. Blumenstok hält ihn im 12. Jh. für unbedeutsam, was zumindest für die Zisterzienserschutzbriefe zutrifft.[210] Von den Schutzbullen, die an den Orden in seiner Gesamtheit ergingen, enthält keine der vorliegenden Bullen das "specialis". Einzig die erste Schutzbulle Paschals II. an Citeaux spricht von "specialiter protegi". Schreiber aber konstatiert im allgemeinen einen wachsenden Gebrauch. Überdies scheine der Papst, wenn er von "specialis tutela" spreche, die engere Bindung der tradierten Klöster zu meinen.[211] Allerdings wäre damit das "specialiter" der Paschalbulle an Citeaux nicht erklärt, da Citeaux die "traditio" nicht vollzog. Wir dürfen aber mit gutem Recht annehmen, daß der Papst, der selbst Benediktiner war, den Wert des Reformversuchs des "Neuklosters" Citeaux erkannte und ihr seinen besonderen Schutz angedeihen lassen wollte. Es gibt mehrere Beispiele dafür, daß die "specialis tutela" auch an nichttradierte Klöster erteilt wurde.[212]

Sonst scheint aber nach Scheuermann bestätigt, daß das "specialiter" den Unterschied zwischen tradierten und nichttradierten Klöstern zum Ausdruck brachte, so daß es eine "specialis tutela" und eine "tutela" (simplex sive communis) gegeben hat.[213] Ob allerdings Alexander III. die Bezeichnung "specialis" dann "zum bewußt klassischen Ausdruck der exemten Rechtsstellung der Klöster erhoben hat",[214] ist zweifelhaft. Wenn Alexander es auch in viele Schutzbullen für benediktinische Einzelklöster einfügt, so ist ihre Einfügung mit dem Hinweis auf den eigenklösterlichen Charakter dieser Häuser hinlänglich gerechtfertigt. Schreiber kommt selbst zum Ergebnis, "der Terminus hafte eben stark am päpstlichen Eigenkloster[215], Im oben zitierten Dekret scheint Alexander eine solche Auslegung auch geradezu abzulehnen. Da der Ausdruck im Paschalprivileg sicher keine Exemtion besagen will, im übrigen aber in allgemeinen Zisterzienserbullen nicht, in Einzelbullen nur bei Eugen III. einmal, vorkommt, brauchen wir der Frage nicht näher nachzugehen.[216]

c) " ... nullo mediante ..."

Dieser Begriff wurde zum erstenmal von Alexander III. gebraucht und eingefügt.[217] Schreiber, der Alexander III. die volle Ausbildung der Exemtionsterminologie zuschreibt, bezeichnet ihn "als ergänzenden und unzweideutig klarstellenden Terminus" für die Exemtion einer Anstalt.[218] Es ist klar, daß jede "libertas" die Unmittelbarkeit der Beziehung zum Papst in dieser Hinsicht zur Folge hatte. Die Voraussetzung aber, daß damit eine totale libertas, das heißt Exemtion in dem Sinne wie sie dann Innozenz III. definieren wird, gegeben ist, ist eine unbewiesene Voraussetzung, die auch aus den angeführten Urkunden nicht hervorgeht.

Der Begriff "Exemtion", wie er dann in das allgemeine Kirchenrecht eingegangen ist, existierte noch nicht. Was inhaltlich in dieser Periode dieser Exemtion nahekommt, ist ein Bündel von Freiheiten, für deren Umfang nach Alexander das Privileg zu Rate zu ziehen ist. Man muß auch hier sehr wohl darauf achten, auf welchen Rechtskomplex der Papst das "nullo mediante" angewendet wissen will. Überhaupt kann man bei den Privilegienbullen des 12. Jhs. die Weisung Alexanders III. nicht genug beherzigen: "Inspicienda sunt... ipsarum ecclesiarum privilegia, et ipsorum tenor est diligentius attendendus ..." (8 X 5,33). In den Zisterzienserschutz- und Privilegienbullen kommt der Terminus, soweit uns die Bullen vorliegen, nicht vor. Daraus allein ist freilich noch nicht zu schließen, daß der Orden von Citeaux nicht exemt gewesen sein könnte.

d) Der päpstliche Vorbehalt.

In den ersten drei Jahrzehnten unserer Periode ist in den Schutzurkunden im allgemeinen häufig der bischöfliche Vorbehalt zu beobachten. Dabei ist die Anwendung in und außerhalb des Dekrets zu unterscheiden. Außerhalb des Dekrets wahrt dieser bischöfliche Vorbehalt das bischöfliche Recht der Darreichung pontifikaler Handlungen, das Recht auf den bischöflichen Zehnt- und Oblationenanteil und andere temporale Rechte.[219]

Weit häufiger jedoch findet sich die Formel i n d e n Dekreten, meist am Schluß der Besitzaufzählung. Die Formel ergeht bis auf wenige Ausnahmen in den Schutzurkunden für die Klöster b i s c h ö f l i c h e r Obödienz.[220] Bis ins fünfte Jahrzehnt des 12. Jhs. ist eine lebhafte Tendenz festzustellen, die ganz unter bischöflicher Aufsicht stehenden Klöster sorgfältig mit diesem Vorbehalt auszustatten. Inzwischen aber entwickelte sich im 4. und 5.Jahrzehnt der Brauch, in viele Privilegien den päpstlichen Vorbehalt einzuführen; er verbreitet sich auffällig rasch und bürgert sich fest ein. Auch er kommt wie die "libertas" und die "specialis tutela" ursprünglich vom Eigenkloster her. Auch von ihm glaubt Schreiber annehmen zu müssen, er sei, nachdem er um die Mitte des Jahrhunderts in weiterem Umfang in die Privilegien eingedrungen war, zum Terminus der Exemtion geworden, das heißt, er habe sich mit "Exemtionsinhalt" gefüllt. Daher sei der päpstliche Vorbehalt in einer Bulle Alexanders III. ohne den bischöflichen Zusatz "mit einem hohen Grad von Wahrscheinlichkeit als Kriterium der Exemtion zu verwerten." Umgekehrt verweise der päpstlich-bischöfliche Vorbehalt oder der bischöfliche allein auf die nichtexemte Stellung des Klosters.[221] Daß die Formel allerdings nicht vollends zur Präzision der Begriffe "ad indicium libertatis", "ad indicium protectionis", "specialiter", "nullo mediante" gelangt sei, liege daran, daß sie auch ausserhalb der Klosterprivilegien eine bedeutsame Rolle gespielt habe.[222] Die Annahme, der Papst habe die extensive Interpretation dieses Vorbehalts sanktioniert, scheint uns eine gewagte und durch einzelne Dekretalen zu wenig belegte und verallgemeinernde Behauptung.

Der Vorbehalt nimmt in den Zisterzienserurkunden eine eigenartige Entwicklung. Zunächst herrscht in den Einzelbullen der bischöfliche Vorbehalt vor, ausgehend von der Paschalbulle. Als im vierten Jahrzehnt der päpstliche Vorbehalt stark einströmte, wiesen die Bullen an Einzelklöster den päpstlich-bischöflichen Vorbehalt aus. Erst unter Alexander III. erscheint der päpstliche Vorbehalt allein in den Schutzbullen an den Orden und an Einzelklöster.[223] Auch in den zwei großen Bestätigungsbullen desselben Papstes ("Sacrosancta") steht der päpstliche Vorbehalt allein. Später scheint er nur noch im Schutzformular an die einzelnen Klöster des Ordens nach der Güteraufzählung auf.

Wollte man im päpstlichen Vorbehalt ein durch Alexander

III. geschaffenes Exemtionskriterium sehen, dann wäre aus dieser Entwicklung zu schließen, daß der Zisterzienserorden unter Alexander die Exemtion erreicht hat. Schreiber glaubte zuerst in der Bulle "Ex parte", die fälschlicherweise auf den 13. November 1161 datiert wird, einen unmittelbaren Hinweis entdeckt zu haben, daß die Eximierung des Ordens zwischen 1159 und 1161 erfolgt sein müsse.[224] Eine Bulle konnte nicht aufgefunden werden. Dies würde freilich im Rahmen der allgemeinen Privilegiengeschichte ein außerordentliches Faktum darstellen, rein historisch gesehen aber kaum besser in eine andere Zeit hineinpassen. Die Annahme ist nicht so leicht von der Hand zu weisen, wie es bisher geschehen ist, zumal die ominöse Bulle besser bezeugt ist, als man bisher glaubte.

In einem weiteren Artikel wurde dann von Schreiber selbst die Exemtion auf 1184 verlegt, was in der Zisterzienserliteratur widerspruchslos übernommen wurde, obwohl schwerwiegende Bedenken dagegen sprechen.

Das erste, das erhoben wurde, war der Obödienzeid, der im gleichen Privileg in der alten Form bestätigt wurde, der aber für Schreiber mit Exemtion (im Schreiberschen Sinn, nämlich als Befreiung von der Strafgewalt des Bischofs) unvereinbar ist.[225] Um dieser Schwierigkeit aus dem Wege zu gehen, hat Benz die Exemtionsbulle für den Orden auf 1256 verlegt. Mahn [226] weist dieses Ansinnen zurück, indem er auf dem Ordensvorbehalt "salve ordine nostro" innerhalb dieses Eides verweist; dieser Zusatz schloß nämlich die Anerkennung der Carta Caritatis und der Ordensprivilegierung durch den Bischof ein.[227] Ja, der Abt konnte sogar in dem Falle seine Abtfunktionen ausüben, wenn der Bischof die Abtsbenediktion wegen dieses Vorbehaltes verweigerte.[228] Wieder aber ist zu bemerken, daß die Zisterzienserurkunden des 12. Jhs. nie von "Exemtion" reden, sondern vom "ordo, qui hactenus liber extitit","id quod ab origine ordinis noscitur observatum" kurz: von Freiheiten. Und mit ihnen scheint der Obödienzeid durchaus vereinbar gewesen zu sein. Da der Obödienzeid durch den Ordensvorbehalt eng mit der Observanz des Ordens und seiner Verfassung, welche die Regelauslegung des Neuklosters verfassungsmäßig verankern und seine Beobachtung gewährleisten sollte, verbunden ist, werden wir dieses letzte und wichtigste negative Kriterium der Klosterfreiheit gegenüber dem Bischof im Rahmen von Observanz und Carta Caritatis behandeln.

Zusammenfassend können wir feststellen, daß die behandelten Ausdrücke im Rahmen der Zisterzienserprivilegierung von unterschiedlicher Bedeutung sind. Die "specialis tutela" scheint mehr im Schutzformular für Einzelklöster verwendet worden zu sein und drückt im allgemeinen das durch die Eigentumsübergabe geschaffene engere Verhältnis des Papstes zum tradierten Kloster aus. Doch kommt der Terminus auch in Schutzbullen an nichttradierte Klöster vereinzelt vor.
Auch die Bezeichnung "nullo mediante" ist im Rahmen der Zisterzienserprivilegierung weniger von Bedeutung. Der apostolische Vorbehalt scheint, besonders im Hinblick auf die Bulle von 1132,[229] Freiheiten gegenüber dem Bischof zu bekräftigen, ohne damit schon selbst und für sich ein eindeutiges Kriterium für eine <u>umfassende</u> Befreiung bzw. Eximierung zu sein. Sonst müßte man für die Zeit Alexanders III. die Eximierung des Ordens annehmen, was mit gutem Recht bestritten wird.
Die Hauptkriterien für die weitgehenden Freiheiten des Ordens bzw. für eine eventuelle Exemtion des Ordens scheinen im Begriff der "libertas" und im Ordensvorbehalt im Rahmen des Obödienzeides, zu liegen. Einmal wegen der Häufigkeit, mit der die Päpste auf die "libertas" des Ordens hinweisen und dann im Hinblick auf die Carta Caritatis, die dem Bischof vor der Gründung eines Hauses zur Bestätigung vorgelegt wurde. Wurde sie lückenlos durchgeführt, dann blieben dem Bischof praktisch nur die Weiherechte. Tatsächlich wur-

de sie immer mehr ausgebaut und selbst gegenüber bischöflichen Ansprüchen auf Grund des Obödienzeides durch den Ordensvorbehalt abgesichert. Er machte den Eid in den wichtigsten bisherigen Bischofsrechten praktisch zur leeren Formel. Um ihn entbrannte daher der Kampf der Bischöfe gegen den Orden. Doch dieser war gegenüber andern Klöstern und Anstalten in einer ungleich besseren rechtlichen Ausgangsposition. Versuchten jene auf dem Wege der extensiven Interpretation ihrer libertates, auf Grund des Rekognitionszinses an den Papst eine größere Freiheit gegenüber dem Bischof durchzusetzen, so konnte sich der Orden auf eine Verfassung berufen, die Papst und Bischof vor der Gründung des Klosters bestätigt hatten. Das war der äußere Rechtstitel. Von einem nicht zu unterschätzenden moralischen Gewicht war aber der geistliche Rechtstitel, der von Papst und Orden immer geltend gemacht wurde: daß diese Verfassung die hohe Aufgabe habe, die ursprüngliche, vom Papst feierlich (und vielleicht sogar unter Vorbehalt des Schutzes) bestätigte Observanz in ihrer ursprünglichen Strenge zu wahren und zu erhalten. In keinem anderen Fall wird so deutlich, daß das Cluniazenser-Reformpapsttum die Klosterreform als eine seiner wichtigsten Aufgaben betrachtete und selbst nach Kräften vorantreiben wollte. In keinem andern Falle wurden ihm von seiten eines Klosterverbandes so günstige rechtliche Voraussetzungen geschaffen wie im Falle Citeaux mit seinen Tochtergründungen.

Alle Fäden der Privilegierung des Ordens gegenüber dem Bischof - einen laikalen Eigenkirchenherrn kannte Citeaux ja von Anfang an nicht - laufen in der <u>Observanz</u> des Neuklosters zusammen und ihrem verfassungsmäßigen Schutz: der
        C a r t a   C a r i t a t i s .

III. DIE PRIVILEGIERUNG DES ZISTERZIENSERORDENS.

1. G r u n d l a g e und v e r f a s s u n g s m ä s
s i g e S i c h e r u n g .

a) Die Observanz des Neuklosters.

Im Zeitalter der gregorianischen und nachgregorianischen Reform wurde mit der Entstehung neuer Reformzweige
aus dem Schoße der alten Orden die Schutzbulle zum Instrument für die Regelung der klösterlichen Ordenszucht bzw.
der "vita canonica". Die in Suppliken vorgelegte Erneuerung
wurde ganz oder teilweise oder mit Ergänzungen bestätigt.
Welche "Reform" benediktinischen Lebens, welche neue Observanz wurde nun Paschal II. durch die Vertreter der jungen
Mönchskolonie von Citeaux vorgetragen?

Es kann hier nicht unsere Aufgabe sein, eine vollständige Darstellung des Reformgedankens von Citeaux zu geben.[230]
Wir werden hier nur einige Grundlinien andeuten und gemäß
unserem Thema diese so betrachten, wie sie sich in den
päpstlichen Bullen zeigen und welchen Einfluß sie auf die
Privilegierung von Citeaux bzw. später des Zisterzienserordens ausgeübt haben. Interessant ist, daß der neue Aufbruch irgendwie auch im Geist der Zeit lag. Von der Wende
des 11. zum 12. Jhs. erlebte die Christenheit eine gewaltige innerlich geistliche Erweckung. Sie war Folge und Fortführung und entscheidende Vertiefung der gregorianischen
Reform, erfaßte so gut wie alle Stände und Schichten der
Kirche.
Als L e i t m o t i v e sind ebenso der Wunsch nach einer integralen Christusnachfolge im alten Ideal der "vita
apostolica" kennzeichnend als auch die Nachfolge des "armen
Christus..." und des Motivs der Weltentsagung. Überall begegnen uns gewisse gemeinsame Grundhaltungen; das Motiv des
wörtlichen, ja buchstäblichen Ernstnehmens von Evangelium

und Klosterregel wird dabei geschichtlich besonders wirksam.[231] Das gilt besonders für die Mönche von Citeaux. Gegner im traditionellen Mönchtum warfen ihnen vor, solches Bestreben sei pharisäischer Legalismus. Dem Wesen nach lag das Gegenteil davon vor. Der "Buchstabe" wird als Träger des Geistes in aller Deutlichkeit erkannt. Das Wort ist der Garant für die Ursprünglichkeit der Regel. Das prägt sich deutlich aus in der Hochschätzung der Zisterzienser gerade für die Anordnung der Regel über alles, was den Leib betrifft, in den "praecepta corporalia".

Das Mönchtum von Cluny hatte sich unter Berufung auf den "Geist" und das "Geistliche" über diese relativ niederen und zweifellos anpassungsbedürftigen Bestimmungen hinweggesetzt. In Citeaux rücken sie wieder in den Vordergrund, weil man hier um die Bedeutung des Leiblichen für das Geistliche weiß. Kleidung, Nahrung, Lebenshaltung der Mönche, Besitzverhältnisse und Gottesdienstgestaltung werden genau geregelt.

Citeaux verzichtet auf die kirchlichen feudalen Einnahmequellen: auf Eigenkirchen, Oblationen, Bestattungsgebühren und Zehnte, sowie auf Mühlen, Dörfer und Hörige. Es wird später bei seinen Neugründungen die Nähe der Städte fliehen, es begnügt sich mit Landbesitz, der hinreicht, um in eigener Bearbeitung die Gemeinschaft der Mönche und Konversen sowie die Armen zu ernähren. Damit kommt die Handarbeit in ihrer leiblich-geistlichen Doppelfunktion wieder zu Ehren. Gerade jene wieder zu Ehren gebrachte Feldarbeit wurde für das Abendland von größter Bedeutung. Als neue Niederlassungen entstanden, über Mitteldeutschland hinaus, bis weit in den Osten hinein, empfingen die heidnischen Wenden, die dort saßen, von diesen Klöstern, die wahre Musterwirtschaften darstellten, wie das Christentum so auch ihre Kultur des Ackerbaus. Dies wäre nicht möglich gewesen ohne die Konversen. Gerade hier hat Citeaux gezeigt, daß es nicht blind war für das "Neue". Es beschloß, "Laien als Konversen aufzu-

nehmen mit Erlaubnis des Bischofs und sie ... ohne daß sie
Mönche würden, so zu halten wie sie."[232]
Der Chordienst wird reduziert auf das von der Regel befohlene Maß, die Liturgie ohne Prunk gefeiert, die Kirchen schmucklos gehalten.
So entsprang die Reform des frühen Citeaux also einem doppelten Motiv: negativ in der Zurückweisung der Gebräuche von Cluny und die Abkehr von nahezu allen Formen des benediktinischen Klosters der damaligen Zeit (Stadtkloster, Schulkloster, Kulturkloster und Kultkloster), wie Cluny es verwirklichte. Positiv hingegen war die Rückkehr zur Reinheit der Benediktusregel, die in der Härte der Auslegung allerdings auch geprägt war durch die Ansicht der ersten Äbte von Citeaux (Robert, Alberich und Stephan), daß das Studium der Wüstenväter den Zugang zur wahren Bedeutung der Regel St. Benedikts eröffne.

b) Das Paschalprivileg.
   Die Suppliken an den Papst.

Wie wir schon betont haben, sind die G r ü n d e , die in der Bitte um die Ausstellung einer päpstlichen Privilegienurkunde eingebracht werden und die der Papst in seiner Urkunde mehr oder weniger den Bittschriften entnimmt, nicht unwichtig. Aus ihnen läßt sich der Charakter des Schutzes und der Umfang eventuell mit ihm zusammen erteilter Privilegien am leichtesten bestimmen.

Beim Paschalprivileg sind wir in der glücklichen Lage, gleich drei Bittschriften im Rahmen einer kleinen Entstehungsgeschichte überliefert zu erhalten. Im "Exordium parvum" sind ein Brief der Kardinäle Johannes und Benediktus, ein Empfehlungsschreiben des Erzbischofs Hugo von Lyon und ein Brief des Sprengelbischofs Walter von Châlon erhalten.[233] Sie zeigen deutlich, daß das "Neukloster" weniger, zumindest nicht in seiner damaligen Situation, den ma-

teriell-rechtlichen Schutz suchte als vielmehr den gehässigen Anfeindungen und vielleicht sogar Verleumdungen den Wind aus den Segeln nehmen wollte, indem es zur Apostolischen Gewalt seine Zuflucht nahm mit der Bitte, daß diese "sie und ihr Kloster von dieser Belästigung und Beunruhigung befreien und durch ein Privilegium ihrer Macht beschützen wolle, da die Armen Christi gegen ihre Neider keinerlei Abwehr durch Reichtum oder Macht besitzen, sondern ihre Hoffnung allein auf Gottes und Ihre Gnade setzen."[234]
Das Hauptmotiv des Schutzes, die materiell-rechtliche Sicherung einer schon bestehenden und meist von einem laikalen Gründer dotierten Anstalt tritt hier weit zurück gegenüber dem Bestreben, eine neue Observanz, die ob ihrer Strenge und Konsequenz den Buchstaben der Regel St. Benedikts zu verwirklichen, als Außenseiter und Störenfried verschrieen ist, in Schutz zu nehmen und ihren Weg zur Verwirklichung des benediktinischen Mönchsideals zu loben und zu bestätigen. Durch wen das friedliche Leben der Brüder in der Einöde bisher gestört wurde, deutet der Erzbischof von Lyon in seinem Schreiben deutlich an. Er nennt als Friedensstörer die Mönche von Molesme und die Bewohner anderer Klöster in der Nachbarschaft von Citeaux. Sie suchten nicht bloß durch üble Nachrede die neue Niederlassung zu schädigen, sondern sie bemühten sich auch, von dorther Mönche zu sich herüberzuziehen und wahrscheinlich auch Kandidaten, die geneigt waren, dort einzutreten, von ihrem Entschlusse abzubringen. (vgl. Anm. 234) Wenn der Papst in ein paar kurzen Sätzen auf diese Bitten eingeht, und seine Weisungen entsprechend formt, dann haben wir vor allem an die S i c h e r u n g d e r O b s e r v a n z zu denken. Das ist das Hauptakzent der Schutzbulle. Denn zum Zeitpunkt, in dem das Privileg erging, bot Citeaux wohl kaum einem von denen, die Citeaux materiell hätten bedrängen können, einen Anreiz, und wohl auch keine Angriffsfläche. Die Gründung lag in einer Einöde, "damals wegen des Dunkels des Gehölzes und Dorngestrüpps von keines

Menschen Fuß betreten und nur von wilden Tieren bewohnt. Dort hatten sie begonnen, mit Erlaubnis des Bischofs und Zustimmung des Grundherrn und unter Billigung des apost. Legaten (!) ein Kloster zu bauen."[235] Wie das Exordium parvum weiter erzählt, half der Herzog von Burgund, Odo, auf Bitten des Legaten, des Erzbischofs von Lyon, der beispiellosen Armut einigermaßen ab, indem er ihnen das hölzerne Kloster fertig baute, das sie begonnen hatten und ihnen mit Landschenkungen und Vieh etwas aushalf.[236]

Das Privileg.

So wie der Erzbischof von Lyon in seinem Bittschreiben die "Güte" des Papstes anruft, so ergeht nach dem Glückwunsch des Papstes, in dem er den religiösen Zweck des Vorhabens des Gründungskonventes hervorhebt, die Schutzbulle in der üblichen Terminologie; aber nicht als zweiseitiger Rechtsvertrag im Stile der alten Schutzbullen, sondern als einseitiger Gnadenakt, als Sanktionierung der Reform.[237] Der Papst berührt zunächst die Klage der Bittschreiben; er verbietet die Belästigung von Citeaux, erhebt es zur Abtei und stellt sie unter päpstlichen Schutz, [238] unbeschadet des kanonischen Gehorsams gegenüber der Kirche von Châlons. Der Passus ist eine ganz gewöhnliche Schutzformel. Auch das "specialis" kann hier keine Exemtion besagen.
An der "vi ta canonica" aber, die zu leben sich die Mönche des Neuklosters verpflichtet haben, verbietet er j e d e m etwas zu ändern. So unscheinbar diese päpstliche Verbot sich im Ganzen des Privilegs ausnimmt, so lag doch hierin schon Ansatz und Rechtstitel für die spätere eifrige Ordensgesetzgebung, nachdem Citeaux durch zahlreiche Tochtergründungen zum Klosterverband und schließlich zum Orden geworden war. Zunächst festigt eine kluge und abgewogene Ordensverfassung die Einheit, dann unterhält der Orden durch das jährliche Generalkapitel eine nach und nach immer mehr in Erscheinung

tretende eigene gesetzgebende Instanz, die diese Observanz
jeweils konkret interpretiert und überwacht. Der Papst verbietet auch, Mönche ohne die durch die Regel geforderte Empfehlung aufzunehmen. Damit wollte der Papst offenbar der
böswilligen Proselytenmacherei der Nachbarklöster gegenüber
Citeaux einen Riegel vorschieben. Er geht dann noch einmal
auf die Differenzen mit Molesme ein, aus dem die Mönche ausgezogen waren, und bestätigt die Entscheidung seines Legaten
bezüglich der Rückkehr des Abtes Robert nach Molesme und bekräftigt ihren Entschluß, die weniger strengen Pfade eines
in der Disziplin schlafferen Klosters verlassen zu haben.
Dann folgen die üblichen Strafbestimmungen: Ehrverlust und
Ausschluß von der Eucharistie.

Der Tenor der Urkunde, die als "privilegium romanum" in
die Ordensgeschichte eingegangen ist, dürfte heute ziemlich
klar sein und wurde durch eingehende Untersuchung bestätigt;[239] wir haben die erste Schutzbulle an das Stammkloster
von Citeaux vor uns. Entsprechend der jeweiligen Lage und
Bedrängnisse des Klosters ergeht ein entsprechender Schutzbrief. Die Rechtslage gegenüber dem Bischof bleibt im allgemeinen unverändert mit einer einzigen Ausnahme: Auch der
Bischof ist fürderhin nur Hüter und Diener einer vorgegebenen Observanz, an der auch er nicht rütteln darf. Jegliche
Einmischung in das klösterliche Leben, wie es in Citeaux
blühte, etwa um Erleichterungen vorzunehmen, war also verboten. In diesem Sinne war die Abtei exemt vom Diözesanbischof. Er konnte noch gegen die Lockerung der Disziplin einschreiten, aber nicht von deren Strenge dispensieren.

Diese Einschränkung der Aufsichtsgewalt des Bischofs trat
vorerst kaum in Erscheinung; das Kloster war arm, entlegen,
verfolgt und abgelehnt. Und selbst, wenn das Wunder geschehen sollte, daß es Mönche zu Tochtergründungen aussenden
konnte, so waren doch kaum Reibungsflächen zu erwarten. Sie
wollten ja auf die üblichen Einkommensquellen verzichten,
nur an entlegenen Orten wohnen, von ihrer eigenen Hände Ar-

beit leben.

Tatsächlich erfreute sich das Kloster und selbst der schon auf über fünfzig Klöster angewachsene Orden unter dem Episkopat in den ersten Jahrzehnten großer Sympathie und Unterstützung. Die Sicherung und Bestätigung einer Regelauslegung war an sich nicht ganz neu. Wenn Päpste und Konzilien öfter dem Bischof den Eingriff in die inneren Angelegenheiten in die unter ihrer Obödienz stehenden Klöster untersagten, so waren damit materielle wie auch dem Geist der Klosterregel widersprechende Maßnahmen gemeint. In jüngster Vergangenheit waren die Bestätigungen der Gründungen von Camaldoli, Vallombrosa und der Kartause erfolgt, etwas früher die von Cluny. Das besondere an Citeaux aber war, daß ihre ersten Äbte ein klares geistliches Ziel mit der Gabe verbanden, dieses in einem klugen und ausgewogenen Gesetzeswerk zu verankern und zu festigen. Der Leitstern dieses Gesetzeswerkes war und blieb die "puritas regulae", die sie sich später sogar nicht scheuten, dem Papst gegenüber geltend zu machen, umsomehr andern gegenüber; und sie gab dem "salvo ordine meo" des Obödienzeides der Zisterzienseräbte bei ihrer Konsekration ein eigenes Gewicht.

Die Bedingungsklausel für die Schutzerteilung.

Bevor wir die gesetzgeberische Verankerung der Lebensform von Citeaux weiter verfolgen, müssen wir auf einen Zusatz zum Verbot, die Observanz zu ändern, eingehen, der sich wohl in den meisten Geschichts- und Sammelwerken findet, aber nicht in den alten Handschriften. Es handelt sich um den Zusatz zur Schutzformel,

"... solange ihr und eure Nachfolger in der Beobachtung der Disziplin und Einfachheit, die ihr heute einhaltet, verharrt..."[240]

Blumenstok gibt an, mehrere solche Fälle beobachtet zu haben, in denen die Fortdauer des Schutzes von der Einhaltung der klösterlichen Ordenszucht bzw. der "vita canonica" abhängig gemacht wurde.[241]

Die Authenthizität dieses Satzes war bis vor kurzem fast unbestritten. Er findet sich in der ältesten Zisterzienser-Privilegiensammlung des Abtes Johannes Cirey aus dem Jahre 1491,[242] ferner bei Henriquez,[243] Manrique,[244] der ihm vom großen Kirchenhistoriker Baronius[245] übernimmt; weiter in Köndig,[246] Cherubini,[247] Mansi[248] und Migne.[249] Der Satz fehlt in den beiden Schriften des Julian Paris;[250] aus der Einleitung zu seinem Nomasticon geht hervor, daß er die Bulle dem "Chronologicon Cisterciense ..." des Aubertus Miraeus[251] (Le Mire) entnommen hat, der wiederum Baronius als Quelle angibt.[252]
Müller[253] schloß, daß der Satz von der strengen spanischen Observanz eingeschmuggelt worden sein könnte. Dann hat der Verfasser des Nomasticon die spanische Ausgabe von Pampelona nicht gekannt; sonst hätte er ihn sicher in seinem etwas tendenziösen Werk im Kampf für die Rechte der "Strictior Observantia" eingefügt. Denn gerade zu dieser Zeit hatte der Streit seinen Höhepunkt erreicht.[254] Er fehlt auch in seinem Büchlein "L'ancien gouvernement de l'ordre de Citeaux", Paris 1674.[347] Des Rätsels Lösung, warum gerade einer der schärfsten Vertreter der Observantia strictior, Julian Paris, diesen Satz nicht hat, scheint bei seinem Gewährsmann Aubertus Miraeus zu liegen. Während nämlich dessen Quelle, die Annales Ecclesiastici (vgl. Anm. 243) diesen Satz noch bringen, hat ihn Aubertus Miraeus ausgelassen. Sollte das dem Abt von Villers in Brabant gewidmete Werk keinen Vorwurf enthalten? Woher Baronius die Bulle bezieht, ist nicht ersichtlich.

Ernstzunehmende Bedenken sind auf Grund jüngster Forschungen erwacht. Lefèvre[255] findet in keiner einzigen Handschrift diesen Satz vermerkt. Daher liegt die Vermutung Zakars nahe, daß dieser Satz in der ersten gedruckten Bullenausgabe von 1491 interpoliert wurde, "um die im Jahre 1475 gegebene Erlaubnis zum Fleischgenuß als Privileg darzustellen, das gegen das privilium romanum sei." Gleichzeitig würde auch das merkwürdig anmutende strenge Verbot im Vorwort dieser Bullensammlung zum Teil eine Erklärung finden. Abt Johannes befiehlt nämlich strenste Geheimhaltung der gedruckten Privilegiensammlung und verbietet unter Strafandrohung, sie einer nicht dem Orden angehörenden Person zu zeigen, außer bei einem unvermeidlichen Prozesse, aber auch in diesem Falle nur mit seiner oder seines Kommissärs oder des Generalkapitels Zustimmung und Wissen. Mußte man fürchten, angefochten zu werden? Der Passus war geeignet, die Gültigkeit der Zisterzienserprivilegien in Zweifel zu ziehen, wenn er auch im Orden anspornen mochte.

2. S i c h e r u n g   d e r   O b s e r v a n z   d u r c h
e i n e   O r d e n s v e r f a s s u n g   u n d   G e -
s e t z g e b u n g : C a r t a   C a r i t a t i s .

Die Bulle Papst Calixt II. vom 1.6.1119.[256]

Am 1. Juni 1119 ergeht an die inzwischen zu einem kleinen Klosterverband angewachsenen Zisterzienser ("charissimis in Christo filiis Stephano venerabili cisterciensis monasterii abbati et eius fratribus ...") eine weitere Bulle, die sich mit "einigen Kapiteln bezüglich der Beobachtung der Regel des hl. Benedikt und einigen anderen, die für euren Orden und für euren Ort notwendig schienen", beschäftigt.[257] Diese Kapitel waren von Stefan, dem Abte von Citeaux und seinen Mitäbten gemeinsam mit den Bischöfen, in deren Pfarreien die Klöster lagen, beraten und beschlossen [258] und darauf " um einer größeren Ruhe der Klöster und Beob - achtung des Ordenslebens willen zur Bestätigung durch den apostolischen Stuhl eingereicht worden."[259] Der Papst bestätigt dann feierlich "jene Kapitel" und (die?) "Konstitution". Bei dieser Bestätigung hebt er besonders die Weisung des hl. Benedikt hervor, daß kein Abt einen flüchtigen Mönch ohne Verständigung und Einwilligung dessen Abtes aufnehmen dürfe. Damit wiederholte der Papst die Bestätigung, die schon Paschal II. gegeben hatte und die noch öfter in den päpstlichen Bullen bekräftigt werden wird.

Nach den üblichen Bestätigungsformeln und der Strafbestimmung (Exkommunikation) hat die Bulle noch einen Zusatz, in dem der Papst es jedem untersagt, "Konversbrüder (conversos laicos) und Professen ihrer Klöster in Wohnung aufzunehmen. Wie Turk aber nachgewiesen hat, handelt es sich hier um einen späteren Zusatz.[260]

Für die Privilegierung des Zisterzienserordens finden wir also in dieser Bulle folgende wichtige Grundlagen:

1. Der im Paschalprivileg dem Papst damals mehr mündlich vorgetragene Bericht über die in Citeaux eingehaltene Observanz - soweit nicht die Bitt- und Begleitbriefe in Andeutungen darauf hinwiesen - wird hier dem Papst statutarisch in "einigen Kapiteln" zur Bestätigung vorgelegt. Dadurch findet die Unveränderlichkeit der Observanz noch einmal und jetzt ins einzelne gehend ihre Bestätigung und Bekräftigung durch den Papst.[261]

2. Deutlich abgesetzt von diesen Kapiteln über die Observanz spricht die Bestätigungsurkunde von "einigen anderen Kapiteln, die ihrem Orden und dem Ort notwendig schienen, und die sie dann noch einmal genauer eine " c o n s t i t u t i o " nennt.[262]

3. Diese capitula, betreffend Observanz und Orden, wurden erst nach gemeinsamer Beratung und gemeinsamem Beschluß
   a) der Äbte
   b) der Mönche der verschiedenen Klöster (wir haben da wohl an die Kapitelberatungen zu denken)
   c) der Bischöfe, in deren Pfarreien die verschiedenen Klöster liegen,
   dem Papst zur Bestätigung vorgelegt, der größeren Ru-

he der Klöster wegen und um die Regel ungehinderter und besser beobachten zu können. Den Inhalt der Kapitel über die Observanz haben wir im wesentlichen schon genannt. Obwohl ihre schriftliche Fixierung zur Zeit des Paschalprivilegs nicht anzunehmen ist, genügt es für uns zu wissen, daß sie für dieses Privileg in irgendeiner Form vorlag. Unter _welcher_ der heute vorliegenden Kodifizierungen diese Observanz vorliegt bzw. ob eine der uns vorliegenden Kodifizierungen die ursprünglichen, Calixt II. vorgelegten "Capitula observantiae" enthält oder ob nur spätere Überarbeitungen auf uns gekommen sind - darüber sind in den letzten zwei Jahrzehnten in der historischen Forschung erhebliche Meinungsverschiedenheiten aufgetreten.[263]

Von größerer Bedeutung sind für uns jene Kapitel, die der Papst eine "constitutio" nennt. Aus den verschiedenen Ergebnissen der historischen Forschung ist zunächst das eine gesichert, daß wir unter dieser "constitutio" die sogenannte "Carta Caritatis" des hl. Stefan, des Abtes von Citeaux und seiner Mitäbte zu verstehen haben.[264] Freilich liegt uns auch diese in verschiedenen Fassungen vor, die sich im Hinblick auf die Gewaltenverteilung innerhalb des Ordens und das Verhältnis zum Bischof erheblich unterscheiden. Wir haben hier ohne Zweifel das privilegiengeschichtlich so einflußreiche verfassungsgebende Dokument des Ordens vor uns, von dem Schreiber sagt, "daß in ihm bereits die keimenden Elemente der Exemtion liegen."[265]

Da die Entwicklung der CC auch für die Privilegienentwicklung des Ordens von Bedeutung ist, müssen wir uns dieser kurz zuwenden.

b) Die Carta Caritatis

Verschiedene Handschriftenfunde der letzten Jahrzehnte

haben gezeigt, daß die bisher in den Büchern des Ordens überlieferte CC eine spätere, überarbeitete Fassung darstellt. Statt einer Fassung haben wir jetzt deren drei; dazu wird von manchen noch eine vierte und fünfte Urfassung angenommen, die Calixt II. zur Bestätigung vorgelegt worden sei.

Die Carta Caritatis primitiva.
Diese Fassung ist nach Lefèvre 1114 - 1118 entstanden.[266] Nach Bouton[267] und van Damme[268] ist sie 1119 Papst Calixt II. zur Bestätigung vorgelegt worden. Ihr genauer Wortlaut sei uns aber nicht mehr erhalten. Bouton nimmt eine vorausgehende Urfassung an.

Die Carta Caritatis prior.
Der Text dieser Fassung ist erstmals von Turk in einer Laibacher Handschrift aufgefunden worden. Er glaubte in ihr die von Calixt II. bestätigte "constitutio" gefunden zu haben.

Der Prolog enthält die wichtige Bestimmung, vor der Gründung einer Abtei die Zustimmung und Bestätigung des Diözesanbischofs für die Ordenssatzungen einzuholen: "decretum inter cisterciense coenobium (Citeaux) et cetera ex eo nata exaratum et confirmatum ratum haberet et confirmatum." Auch der Grund wird angegeben: "... propter scandalum inter pontificem et monachos devitandum." Die Absicht ist unverkennbar. Der Orden wollte die Aufsichtsrechte zur Wahrung seiner Observanz selbst ausüben. Die CC, die dem Bischof zur Bestätigung vorgelegt wurde, sah als letzte Instanz dieser Rechte nicht den Bischof, sondern Citeaux vor. Die CC 1 macht damit die üblichen disziplinaren Aufsichtsrechte des Bischofs praktisch überflüssig und schaltet sie indirekt aus. Nur Cap 9 der CC 1 erwähnt noch den Bischof.

Freilich bestehen gegen die Authentizität des Prologs im Rahmen der CC 1 gewichtige Bedenken. Er ist wohl den an sich älteren Kapiteln der CC 1 vorgesetzt worden.[269]

Dem Prolog folgt die CC. In elf Kapiteln wird das rechtliche Verhältnis der Klöster untereinander festgelegt:
1. Materielle Unabhängigkeit der Tochterklöster von den Mutterklöstern.
2. Einheit in der Beobachtung und Interpretation der Regel.
3. Benützung derselben liturgischen Bücher und Einhaltung derselben klösterlichen Gewohnheiten.
4. Das allgemeine Verhältnis unter den Abteien.
5. Jährliche Visitation des Tochterklosters durch den Abt des Mutterklosters.
6. Die Befugnisse des Abtes im Mutterkloster.
7. Das jährliche Generalkapitel in Citeaux.
8. Bestimmungen bei Neugründungen.
9. Besserungsrecht; Absetzung und Neuwahl eines die Regel und den Orden verachtenden Abtes (unter Mitwirkung und Leitung des Bischofs und seines Domkapitels).
10. Das Verhältnis zwischen den Abteien, die nicht im Filialverhältnis zueinander stehen.
11. Neuwahl nach dem Tod eines Abtes.

Im Kapitel neun der CC 1 wird dem Bischof noch auf Antrag des Vaterabtes das Korrektionsrecht übertragen (... curet abbas maioris ecclesiae ...)
Wenn ein Abt sich gegen Regel und Orden vergeht, dann sieht die Carta Caritatis prior folgendes Vorgehen vor.[270]
1. Vier Mahnungen durch den Abt von Citeaux, persönlich, durch den Prior oder durch Brief.
2. Falls diese nichts nützen: emendatio und remotio durch den Diözesanbischof und seine Kanoniker, zusammen mit dem Abt von Citeaux.
3. Falls auch diese versagen: remotio durch den Abt von Citeaux unter Beiziehung einiger anderer Äbte des Ordens.
4. Neuwahl eines Abtes durch die Mönche des Klosters "in praesenti et consilio" der erwähnten Äbte.[271]

Beim Abt von Citeaux trifft die Carta Caritatis folgende Bestimmungen:
1. Vier Mahnungen durch die <u>drei</u> Primaräbte von Firmitas, Pontiniacum und Claravallis, im Namen aller anderen Äbte.
2. Falls diese nichts nützen, correptio oder deiectio durch den Bischof von Châlons und seine Kanoniker.
3. Neuwahl eines Abtes durch die Mönche von Citeaux, "consilio et auxilio" der Äbte jener Tochterklöster, die innerhalb von 15 Tagen kommen können. Vikar des verwaisten Klosters ist inzwischen der erste Primarabt (von Firmitas).
4. Falls der Diözesanbischof versagt: depositio des Abtes von Citeaux durch alle Äbte der Tochterklöster und Neuwahl eines Abtes durch die Mönche von Citeaux "in praesentia et consilio" erwähnter Äbte.

Die " S u m m a   C a r t a e   C h a r i t a t i s ".

Diese von Hümpfner erstmals veröffentlichte und von Lefèvre kritisch überarbeitete Fassung der Carta Caritatis stellt eine Zusammenfassung [272] der Capitula einer Carta Caritatis Redaktion dar. Da das Dokument erklärt, daß diese Capitula die Bestätigung des Papstes erhalten hätte, [273] liegt offenbar eine dem Papst vorgelegte CC-Redaktion zugrunde. Der Zusammenfassung vorangestellt ist eine kurze Entstehungsgeschichte von Citeaux.[274] Inhaltlich steht diese Fassung zwischen der Carta Caritatis prior und der Carta Caritatis posterior.[275] Sie zeigt aber nähere Verwandtschaft mit der Carta Caritatis prior, vor allem aus einem für unser Thema wichtigen Grund: Die Summe erwähnt noch die Mitwirkung des Ordinarius loci und seiner clerici; weitere Unterschiede beziehen sich auf die innere Ordensverfassung und die Bezeichnung des Abtes von Citeaux und entsprechen wieder mehr der CC 2; sie sind für uns weniger von Belang. Im allgemeinen kann gesagt werden, daß sich die Ordensverfassung, um mit Spahr zu sprechen, von einer absoluten Monarchie (aber nicht im Sinne von Cluny) zu einer konstitutionellen Monarchie wandelt."[276]

Die C a r t a   C a r i t a t i s   p o s t e r i o r .

Diese Fassung war bisher bekannt. Der Prolog ist in den meisten bisher gefundenen Handschriften derselbe. Die Handschrift 30 von Laibach bringt einen Prolog, der die Bestimmung, vor jeder Neugründung die Anerkennung des Diözesanbischofs einzuholen, nicht enthält.[277]
Auch der Stamser Codex (Hs) bringt auf folio 2v dieselbe Fassung der Einleitung ohne diese Bestimmung. Andere codices (Hs 28, fol 1v und Hs 34, fol 2v) des Stiftarchives stellen der sonst bekannten Einleitung den Satz voran: "Omnia nostra in caritate et secundum ordinem fieri docet apostolus veritatis ..." Inhaltlich unterscheidet sich die CC 2 gegenüber der Carta Caritatis prior (neben der stärkeren Differenzierung der Bestimmungen) in Bezug auf unser Thema durch die Änderung des Korrektionsrechtes. Die Mitwirkung des Ordinarius loci und seiner canonici bei Mahnung, Besserung, Absetzung und Neuwahl von Äbten wird ausgeschaltet.
Die CC 2 bestimmt in diesem Punkt folgendes:[278]
1. Vier Mahnungen durch den Vaterabt, persönlich, durch seinen Prior oder auf sonst geeignete Weise.
   (in der CC 1 der Abt von Citeaux)
2. Falls diese nichts nützen, gibt es zwei Möglichkeiten:
   a) Freiwillige Resignation.
   b) Remotio durch den Vaterabt unter Beiziehung einiger anderer Äbte des Ordens.
3. Neuwahl eines Abtes durch die Mönche des Klosters und die Äbte der Tochterklöster "consilio et voluntate"

des Väterabtes (nicht ganz klar zu ersehen).

Beim Abt von Citeaux tritt folgender Korrektionsmodus in Kraft:
1. Vier Mahnungen durch die v i e r Primaräbte von La Ferté, Pontigny, Clairvaux und Morimund im Namen aller anderen Äbte. (Primaräbte sind die Äbte der 4 ersten Tochterklöster von Citeaux)
2. Falls diese nichts nützten, gibt es im Gegensatz zur Bestimmung der Carta Caritatis prior vorderhand nur eine Möglichkeit: freiwillige resignatio des Abtes von Citeaux.
3. ... denn Absetzung des Abtes von Citeaux ist nur möglich
   a) auf dem Generalkapitel
   b) wenn nicht so lange gewartet werden kann, auf einem anderen conventus der Töchterklöster von Citeaux und anderer Äbte.
   Schließlich Wahl eines neuen Abtes zusammen durch die erwähnten Äbte und Mönche

Zusammenfassend können wir in der inhaltlichen Entwicklung der Ordensverfassung feststellen:
1. In der internen Ordensverfassung wird die Gewalt der Väteräbte, der Primaräbte und des Generalkapitels (auf Kosten der Gewalt des Abtes von Citeaux) gestärkt.
2. Die Aufsichts- und Korrektionsrechte des Bischofs und seiner Kanoniker werden ganz ausgeschaltet, nachdem sich der Orden schon vorher diese Rechte in letzter Instanz vorbehalten hatte.
3. Die Betonung der Einheit in der Regelauslegung, Liturgie und monachalem Leben, die zentrale Gesetzgebung und Leitung (Citeaux) "drängen mit Notwendigkeit auf eine Gleichstellung der Cellen auch im Verhältnis ihrer Abhängigkeit zum Ordinarius."[279]
4. "Das starke interdiözesane Band der Generalkapitel - eine gefährliche Paralleleinrichtung zur Diözesansy-

node." (vgl. Anm. 279)
5. Die Bestimmung (1152 bestätigt vom Papst), vor jeder Klostergründung dem Bischof die Approbation der Zisterzienserstatuten abzuverlangen, stellte den Bischof vor die Wahl, die Gründung abzulehnen oder auf jedes Einspruchsrecht auf die innere Leitung des Klosters zugunsten der zentralen Ordensleitung des Mutterklosters Citeaux zu verzichten.

Zur C h r o n o l o g i e dieser verschiedenen Fassungen.[280]

Für 1113 schon, also für das Eintrittsjahr Bernhard und spätestens bei der Gründung von La Ferté, datiert Van Damme eine "allererste Carta Caritatis". Eine weitere, etwas jüngere Fassung, die Carta Caritatis primitiva, in der wir die in unserer Calixtbulle bestätigte Fassung vor uns hätten, ist nach Lefèvre 1114 - 1118, nach Van Damme 1119 entstanden, wobei sich nach letzterem bei dieser bestätigten Fassung nur um eine etwas weniger entwickelte Form der CC 1 handelt. Die CC 1 setzt Bouton ihren ersten sieben Kapiteln nach in das Jahr 1114, die Entstehung des 8. Kapitels auf 1118 - 1119, das für uns wichtige Kapitel 9 sei mit Kap.11 nicht vor 1116 entstanden und das zehnte Kapitel stamme aus der Summa Cartae Caritatis. Die Summa Cartae Caritatis ist nach Bouton 1120 -1123, nach Van Damme 1123 - 1124 entstanden. Die These Lefèvres, sie enthalte den Calixt II. vorgelegten Text, ist aufgegeben. Sehr wahrscheinlich haben wir eine persönlich redigierte Zwischenform vor uns, die auch Bernhard zugeschrieben wird.[281]

Die Entstehung der Carta Caritatis posterior wurde von Lefèvre auf 1190, von Bouton auf den Zeitraum von 1165 - 1178 verlegt. Van Damme vermutet nach einem eingehenden Vergleich mit der Bestätigungsbulle, sie sei schon vor 1165 vorgelegen. Sicher scheint zu sein, daß ihre Elemente, wenn auch nicht die Reihenfolge, in dieser Bulle vorhanden sind.

Zusammenfassend kann man zur Chronologie dieser Entwicklungsstufen der Carta Caritatis feststellen:
1. Ein genaueres Datum für die erste uns vorliegende Fassung, der Carta Caritatis prior, wurde noch nicht ermittelt. Sie ist wahrscheinlich nicht lange nach dem Jahre 1119, in dem Calixt eine jüngere Fassung bestätigt hatte, entstanden und dürfte keine wesentlichen Unterschiede aufweisen.
2. Die Summa Cartae Caritatis ist ziemlich sicher in den Zwanzigerjahren des 12. Jhs. entstanden, vielleicht in der ersten Hälfte.
3. Die Carta Caritatis posterior liegt inhaltlich mit der letzten der fünf Bestätigungsbullen ("Sacrosancta") vor. Die Reihenfolge ist anders. Der üblichen kurialen Praxis nach ist aber die Ordnung wenig von Bedeutung. vgl. oben S. 9)

c) Weitere Bestätigungen der Observanz und der Carta Caritatis.

Um die Mitte des Jahrhunderts erhält die Carta Caritatis innerhalb von dreizehn Jahren fünfmal die päpstliche Bestätigung.[282] Der Grund ist nicht sicher zu erkennen. Van Damme verweist darauf, daß jede weitere Bestätigung Zusätze enthalte und daher offenbar Änderungen der Carta durch wiederholte Gesamtapprobation bestätigen ließ.[283]

Die Bullen beginnen immer jeweils mit "Sacrosancte" und fallen in die Jahre 1152 (Eugen III., Zisterzienser), 1153 (Anastasius IV.), 1157 (Hadrian IV.) und 1163 und 1165 (beide unter Alexander III.)

Wir vermerken hier nur, was unmittelbar die Carta Caritatis betrifft und behandeln die in diesen Bullen gegebenen Privilegien bei der Besprechung der Einzelelemente der Exemtion.

a) die Bulle Eugens III.[284]

In dieser Bulle, die zum erstenmale eine fast erschöpfende Aufzählung der Statuten der CC bringt, wird auch die Gründungsklausel des Prologs bestätigt. Gegen Schluß vermerkt der Papst, daß er die ganze CC und was immer der Orden für sich gesetzlich festgesetzt habe, bestätige.

Er verbietet auch, Zisterzienser vor ein weltliches Gericht zu bringen. Endlich gewährt er auch das Privileg der Freiheit vom allgemeinen Interdikt.
Schon diese Bulle ist vom Kanzler Roland, dem späteren Papst Alexander III., mitunterzeichnet.

b) Die Bullen Anastasius IV. und Hadrian IV. sind im wesentlichen gleich.[285]

c) Die erste "Sacrosancta" - Bulle Alexanders III. (1163)[286]

Sie wurde von Lefèvre entdeckt und ist insofern interessant, als in ihr zum erstenmal der Abt von Morimund als Primarabt aufscheint.

d) Die zweite "Sacrosancta" - Bulle Alexanders III. (1165)[287]

In diese Bulle ist ein wichtiger Zusatz eingefügt, in dem der Papst in Erinnerung ruft, daß der neugewählte Abt nicht auf Grund des Obödienzeides der Gewalt des Bischofs ausgeliefert sei oder verpflichtet sei, gegen die Ordensstatuten dem Bischof zu gehorchen.
Hier kündet sich bereits der über zwei Jahrzehnte wogende Kampf der Bischöfe gegen die durch das "salvo ordine meo" entleerte Obödienzformel der Zisterzienseräbte an.

Zusammenfassend können wir sagen, daß die Carta Caritatis des hl. Stefan Harding dem Orden jene einzigartige Organisation geschenkt hat, "wodurch er seine Gemeinschaften zum erstenmal zu einem eigentlichen Orden im Sinne des heutigen Kirchenrechtes verband."[288]

"Die Verfassung von Citeaux stand zu dem System von Cluny in auffälligem Gegensatz. Erst Citeaux brachte es fertig, kraftvoll zu zentralisieren und die Individualität des abhängigen Instituts zu schonen; denn dieses war ihm Tochter und nicht Untergebene, filia und nicht ancilla."[209]

"Die Weiterentwicklung der Grundsätze der Carta Caritatis unter den Päpsten des Hoch- und Spätmittelalters und unter dem Einfluß der ordensstatutarischen Gesetzgebung durch die Generalkapitel hat viel zur Vereinheitlichung des Ordensrechtes im Mittelalter beigetragen."[290] Fragen wir nach den V o r b i l d e r n und Q u e l l e n dieser einzigartigen Verfassungsurkunde, dann scheint der bei den Zisterziensern durchbrechende genossenschaftliche Gedanke mehr von den älteren Augustinern als von den Benediktinern" zu kommen. Sie gaben ihm aber eine zentralistische Prägung, im französisch zentralistischen Sinn."[291] "Das Generalkapitel war die eigenartige, kraftvolle Repräsentation eines republikanisch-parlamentarischen Systems."[292]

Stefan Harding, der Vater dieser Magna Carta, kannte das Recht seiner Zeit. Er schöpfte aus den besten Rechtsquellen seiner und der vorhergehenden Zeit. Wie Spahr [293] nachgewiesen hat, benützte Stefan unter anderem folgende Quellen:

Burchard von Worms	(1000 - 1025)
Anselm von Lucca	(um 1080)
Ivo v. Chartres	(1091 - 1116)

Die Bedeutung dieser Kanonisten für die gregorianische Reform ist bekannt. Dadurch wird der neue Zweig benediktinischen Lebens zu einem nicht geringen Maße ebenfalls Träger der gregorianischen Reform.

Für die weitere privilegienrechtliche Entwicklung des Ordens ist diese Ordensverfassung von kaum zu unterschätzender Bedeutung; denn die Päpste konnten, was sie bei andern nicht konnten, die Bischöfe mahnen, nichts von den Zisterzienseräbten und Klöstern zu verlangen, was gegen das, "was von Anfang an im Orden festgesetzt und beobachtet werde", verstoße.[294]

3. Die Freiheiten des Cisterzienserordens.

Die Carta Caritatis trifft für alle wichtigen Vorkommnisse in einem Kloster und für das Verhältnis zwischen den einzelnen Anstalten entsprechende Bestimmungen. Viele von ihnen machen die Pflicht des Diözesanbischofs und auch das Recht, Disziplin und Observanz zu beaufsichtigen, überflüssig oder schalten diese Aufsicht ganz aus.

Es war zu erwarten, daß es im Laufe der Zeit zu Spannungen kommen mußte. Inwieweit sich diese in den Bullen der Päpste niederschlugen, in einigen tadelnd, in den meisten bestätigend und die Statuten der Carta Caritatis durch ausdrückliche Erhebung zum Einzelprivileg schützend - das soll im folgenden dargelegt werden. Als Quellen dienen die im Zeitraum von der Calixtbulle (1119) bis zur Bulle "Parvus fons" Clemens IV. (1265) ergangenen päpstlichen Schreiben an den Gesamtorden.

"Die Fülle aller Möglichkeiten der Befreiung von den Rechtsbefugnissen des Ordinarius umspannt den Begriff der exemtio totalis."[295]

Die bischöfliche Gewalt gliedert sich in die dreifache Lehr-, Weihe- und Regierungsgewalt. Von der Lehrgewalt gibt es natürlich keine Exemtion. Es bleibt damit auch die Pflicht zur Diözesansynode, auf der Glaubenssachen verhandelt werden, auch wenn der Orden sonst von ihr befreit war.[296]

Bezüglich der Weiherechte des Bischofs "war die Möglichkeit vorhanden, alle Weihehandlungen unter gewissen Bedingungen von einem andern als dem Ortsbischof vornehmen zu

lassen." Dazu zählten u. a.
die Abtsbenediktion, die Priesterweihe, die Konsekration der Altäre und der Cimeterien, der Paramente und Gefässe.[297]

Bezüglich der Jurisdiktionsrechte im engeren Sinne konnten die Klöster des Besuches der Diözesansynode (und damit auch vom cathedraticum) und der Visitation enthoben sein.

In Hinsicht auf die Strafgerichtsbarkeit konnten die Klöster von der Exkommunikation, der Suspension, dem Interdikt und von der ganzen Gerichtsbarkeit des Ordinarius frei sein.

Eine Zwischenstellung nahm das freie Abtwahlrecht ein. Grundsätzlich verfocht die Kurie die Freiheit der Abtwahl.[298] Aber "solange es monachales Leben gab, hatte der Episkopat seine Ansprüche auf irgendwelche Teilnahme an der Abtwahl nicht aufgegeben", obwohl auch Alexander III. die freie Abtwahl durch den Konvent als gemeinrechtlich deklarierte.[299] Jedenfalls setzte es sich im allgemeinen erst langsam auf dem Wege der päpstlichen Privilegierung durch.

a) Das freie Abtwahlrecht.

Die Titel, unter denen der Bischof ein Mitsprache- und Bestätigungsrecht bei der Abtwahl beanspruchte, waren verschieden.

Je mehr sich ein Bischof als <u>Eigentümer</u> eines Klosters betrachten konnte, umsomehr konnte er nach damaliger Auffassung das Recht beanspruchen, den Abt zu ernennen.[300]

Für Citeaux traf das nicht zu. Es hatte nur ein Allodialgut des Vizegrafen Rainald von Beaux übernommen und war somit kein Eigenkloster.[301]

Einen gewissen Rückhalt fand der Ordinarius gegenüber

Benediktinerklöstern in der Regel des hl. Benedikt (c. 64), wo ihm ein Devolutivrecht eingeräumt wird, das auch vom Papst öfter ausdrücklich zugestanden wird. Ja, im Interesse der Disziplin hielt es die Kurie für angebracht, dem Episkopat die Einmischung, die er praktisch schon längst geübt hatte, zu bestatten.[302]

Die Paschalbulle hatte Citeaux zur "abbatia libera" erklärt, was freilich keine Exemtion bedeutete. Sie trägt aber auch den Zusatz, "daß man dort immer einen Abt haben solle."

Die CC überträgt das Abtwahlrecht vollständig auf den Orden.[303]

Aber schon in den ersten Jahrzehnten scheint es einige Schwierigkeiten gegeben zu haben, sonst hätte Innozenz II. nicht eigens betont, daß sich Citeaux seinen Abt aus allen Abteien des Ordens wählen dürfe. Analog war es den übrigen Häusern gestattet, ihren Abt aus den Klöstern ihrer Filiation zu wählen. Damit wird dem Bischof jeder Einfluß indirekt entzogen und die Wahlstatuten der Carta Caritatis zum erstenmal ausdrücklich bestätigt, nachdem sie schon durch die Calixtbulle eine allgemeine Bestätigung erhalten hatten.[304]

Zur Zeit Alexanders III. kommt es zu ernsten Differenzen. Rievalix wird das Recht auf eine unbehinderte kanonische Wahl bestätigt.[305] Ebenso ergehen an andere Klöster Briefe, die die Einmischung des Ordinarius ausdrücklich ablehnen.[306] Die letzte "Sacrosancta" - Bulle (1165) spricht noch einmal ausdrücklich die Leitung des Klosters während der Vakanz dem Vaterabt bzw. im Falle Citeaux dem von La Ferté zu. Der Papst schützt den Orden auch gegen Ansprüche, welche aus dem Obödienzeid abgeleitet werden durch die Klarstellung, daß sich der Abt durch dessen Leistung nicht dem Bischof ausliefere und keine Verpflichtung auf sich nehme.[307] Manche Bischöfe scheinen die Abtwahl nun durch die Drohung, den Neugewählten nicht zu benedizieren, beeinflußt zu haben, worauf der Papst den Neugewählten gestattete, ihre Abtfunktionen auch ohne Benediktion so lange auszuüben, bis der Bischof einlenke.[308]

Eine neue und wiederholte Aufforderung ergeht unter Innozenz III., die Freiheit der Abtwahl zu respektieren.[309] Und Gregor IX. spricht ihnen auch jegliches Recht ab, den Neugewählten auf Wissen und Tugend zu prüfen, ihn zu bestätigen und zu installieren oder anderseits gegen ihn Zensuren zu verhängen.[310]

War es Ziel der kurialen Klosterpolitik, jedem Kloster die Wahlfreiheit gegenüber dem Ordinarius zu erobern, so mußte ihr das bei den Zisterziensern, unterstützt durch dessen straffe Gesetzgebung und Organisation, umso leichter gelingen. Tatsächlich können wir also feststellen, daß es ihr in großem Ausmaße gelungen ist, dessen Wahlfreiheit zu sichern. Daß der Orden streng auf die Einhaltung der Statuten bedacht war, zeigen mehrere scharfe Verweise des Generalkapitels an Äbte, die Bischöfen des eigenen Ordens gestattet hatten, die Wahl vorzunehmen.[311]

Eine schon angedeutete Abhängigkeit vom Bischof, seine Weihegewalt, wurde freilich mitunter dazu verwendet, Druck auszuüben.

b) Freiheiten in Bezug auf die Weihegewalt.

Die an die Wahl sich anschließende Benediktion des Abtes war oft ein Kriterium der Rechtsstellung des Klosters überhaupt. "In diesem an sich liturgischen Vorgang wurde als in einem Brennpunkte die Summe der Beziehungen zwischen Kloster und Bischof aktuell ... im Sinne einer bei dem Weiheakte grundsätzlich in Erscheinung tretenden Abhängigkeit oder Nichtabhängigkeit des den Ordinarius um die Benediktion angehenden Klosters."[312] Die Benediktion sah nämlich im Rahmen ihrer Liturgie auch den Obödienzeid des zu Benedizierenden an den Bischof vor. Nach den kirchlichen Anschauungen des 12. Jhs., zumindest bis Alexander III., war sie unumgänglich notwendig.

Da ihn mehr oder weniger vom Bischof freie Klöster nur mit Schwierigkeiten leisten konnten, traf man folgende Lösung: Ein Teil erhielt das Recht, sie sich vom Papste spenden zu lassen; ein anderer bekam die Erlaubnis, sie von einem beliebigen Bischof einzuholen; ein dritter endlich empfing die Weihe ohne Obödienzversprechen.

Einen ganz neuen Weg ging Alexander III., als auch den Zisterziensern im Zuge der einsetzenden Obödienzstreitigkeiten Schwierigkeiten erwuchsen. Er erlaubte ihnen einfach, nach dreimaliger Bitte im Falle einer Weigerung des Bischofs ohne Benediktion alle Abtfunktionen auszuüben, bis der Bischof einlenke.

Urban III. erlaubte den neugewählten Äbten des Ordens, während der Vakanz in der Diözese einen andern Bischof um die Abtsbenediktion zu bitten, freilich mit der Einschränkung: "sic tamen, ut ex hic in posterum propriis episcopis nullum praeiudicium generatur."[313] Mit Urban III. ist die Privilegierung in Bezug auf die Abtsbenediktion praktisch abgeschlossen. Man sieht, die Äbte des Klosters werden weiter an den Ortsordinarius verwiesen mit der Einschränkung:"Quoties copiam proprii episcopi non habetis.""Daß die Zisterzienser im Jahre 1186 von Urban III. (nicht II.!) eine absolute Generaldispens" erlangt hätten, ist falsch.[314] Offensichtlich war es der Kurie nur darum zu tun, die Freiheit der Zisterzienserklöster zu sichern, ohne die Bindung an die Weihegewalt des Ortsbischofs aufzuheben.

Ähnlich der Abtsbenediktion war es im Hinblick auf die übrigen Pontifikalien. Darunter verstand man damals die Weihehandlungen, die dem Bischof vorbehalten waren (Priesterweihe, Weihe der hl. Öle u.s.w.). Die Väter des Ordens haben in dieser Hinsicht die Unterordnung unter den Diözesanbischof nie abgelehnt.

Die knappen Privilegien des Ordens lassen sich auf die Erörterung der selbstverständlichen Pflicht nicht ein.[315] Schreiber führt nur ein Privilegium Alexanders III. dafür an, in dem diese Pflicht [316] erwähnt wird. Dieselbe Gebundenheit zeigt auch das privilegium commune des 13. Jhs.[317] Seine Vermutung, daß man sich auch im 12. Jahrhundert an die "vicini episcopi" hätte wenden dürfen, finden wir in einem Privileg Urbans III. bestätigt. In Abwesenheit des Bischofs oder wenn dieser sonst verhindert ist, dürfen die Äbte die Pontifikalien von benachbarten Bischöfen einholen, freilich unbeschadet der zukünftigen Rechte des eigenen Bischofs. (vgl. Anm. 313)

Unter Gregor IX. wird dasselbe Privileg erneuert. In Hinkunft soll es jedem beliebigen Bischof, der im Kloster Aufenthalt nimmt, erlaubt sein, zu ordinieren und die Pontifikalien zu erteilen. Aber auch dieses Privileg will die Rechte des eigenen Bischofs gewahrt wissen und schränkt ein: "...quoties proprii episcopi copiam non habetis".[318]

Innozenz IV. bestimmt, daß die Bischöfe den Ordinanden die Weihen ohne ein vorausgehendes Weiheexamen zu erteilen hätten. Doch schon fünf Monate darauf nimmt er von dieser Befreiung jene aus, "in quibus fuerit notorium crimen vel enorme corporis vitium."[319]

Alexander IV. erteilte (nach Canivez) den Zisterzienseräbten auch die Gewalt, von den Irregularitäten ex defectu et ex delicto (mit Ausnahme der oben genannten) zu dispensieren.[320]

Der gleiche Papst hat auf die Bitten des Kardinals von Toledo den Äbten die Erlaubnis gegeben, den Mönchen des Ordens die niederen Weihen zu erteilen.

Das Generalkapitelstatut des gleichen Jahres läßt erkennen, daß man große Schwierigkeiten in der Durchführung dieses Privilegs befürchtete, weshalb es den Äbten empfiehlt, dieses Sonderrecht nur mit Autorisation des Generalkapitels zu gebrauchen.[321]

c) Freiheiten von der Jurisdiktion des Bischofs.

Wie wir bereits dargelegt haben, wurde dem Bischof vor der Gründung eines Klosters die Carta Caritatis zur Annahme vorgelegt. Wie wir weiter sahen, wurde diese Klausel vermutlich erst später der CC 1 vorgesetzt, so daß sie also von Calixt II. noch nicht approbiert worden sein konnte, wohl aber wurde die erste, uns in ihrer Urfassung nicht bekannte CC primitiva mit Zustimmung des Bischofs abgefaßt und daher von den Bischöfen der damals gegründeten Klöster approbiert.

Mit dieser Approbation traf der Bischof eines neuzugründenden Klosters aber eine schwerwiegende Entscheidung: er erkannte damit auch die in der Carta Caritatis vorgesehenen rechtsprechenden, vollziehenden und richtenden Organe als kompetent für die Häuser des Ordens in seiner Diözese an.

Diese Organe waren die Äbte, die Väteräbte, die Primaräbte, das Generalkapitel und schließlich der Abt des "Neuklosters", zuerst "Pater Patriarchalis totius sancti Ordinis nostri",[322] später "abbas Cisterciensis"[323] genannt. Wenn wir sie in dieser Reihenfolge aufzählen, dann entspricht diese nur der Rangordnung, wie sie uns in der Carta Caritatis prior überliefert ist.

In der Carta Caritatis posterior verschiebt sich das Gewaltenverhältnis zugunsten des Generalkapitels, das zur obersten Instanz des Ordens wird und zugunsten der Primaräbte, die in der Folge oft in unerquicklichen Streitigkeiten dem Abt des Mutterklosters Citeaux den Rang streitig machen.[324] "Nach der Carta Caritatis prior haben wir (also) in unserem Orden eine absolute Monarchie, nach der Carta caritatis posterior eine konstitutionelle, wie sie in der Folge schon achthundert Jahre lang aufgefaßt und wie auch danach gehandelt wurde."[325]

Im folgenden streifen wir kurz die Stellung der einzelnen Organe in ihrer geschichtlichen Entwicklung innerhalb unseres Zeitraumes, legen dann ihre eventuelle Sonderprivilegierung vor und gehen dann auf die Freiheiten des Ordens ein.

Die Carta Caritatis verfügt, der Abt von Citeaux solle "tamquam abbas matris totius ordinis" aufgenommen werden.[326] Zuerst oberste Instanz,[327] Vorsitzender des Generalkapitels und über ihm stehend, für die Abtwahlen in den Klöstern Vorsitzender, oberste Berufungsinstanz, wenn Äbte gegen Regel und Orden verstoßen und gebessert oder abgesetzt werden müssen, (CC1, IX) wird seine Stellung in der späteren Fassung der CC abgeschwächt, das Korrektionsrecht an die Vateräbte übertragen (CC 2, V) und das Generalkapitel hervorgehoben.(Absetzungsrecht CC 2, V)

Eine Ungenauigkeit in der Carta Caritatis gab in den ersten Jahrzehnten des 13. Jahrhunderts (vgl. Anm. 324) und besonders um die Mitte des Jahrhunderts immer wieder Anlaß zu Zwistigkeiten:[328] Das juridische Verhältnis zwischen dem Abt von Citeaux und den Primaräbten, also den Äbten der ersten vier Tochterabteien. Besonders um die Jahrhundertmitte flammten diese Streitigkeiten immer mehr auf. Clemens IV., ein großer Rechtsgelehrter, gab nun in einer großangelegten Bulle [329] genaue Bestimmungen, die besonders das Verhältnis zwischen dem Abt von Citeaux und den vier Primaräbten regelten. Dabei schienen schon vorher solche Versuche auf dem Generalkapitel gemacht worden zu sein. (vgl. Anm. 328)

Das Ergebnis ist wieder eine Annäherung an die Bestimmungen der CC prior.

Innozenz II. erlaubt dem Orden, den Abt von Cit. aus allen Ordenshäusern wählen zu lassen "salva nimirum Sedis Apostolicae reverentia".

Clemens IV. erklärt, der neugewählte Abt von Cit. solle eo ipso als durch apostolische Autorität bestätigt gelten, die Verwaltungsbefugnis haben, als wenn er ein apostolisches Bestätigungsdekret erhalten hätte. Er zieht aber die Bestimmung Innozenz II. bezüglich des passiven Wahlrechtes für alle Äbte und Mönche des Ordens zurück und schränkt es wieder auf den Konvent und die Äbte der Tochterklöster ein.

Eine Sonderprivilegierung scheint dem Abt von Citeaux in unserem Zeitraum nicht zuteil geworden zu sein.

In der Carta Caritatis posterior (CC 2, V) wurde dem Generalkapitel das Recht zugesprochen, den Abt von Citeaux gegebenenfalls abzusetzen. Damit stand er von nun an über ihm. Diese beherrschende Stellung wurde auch durch die Clementina bestätigt. Obwohl der Zentralismus eine allgemeine Erscheinung des 13. Jahrhunderts ist, verrät doch die Einschränkung der Macht der Vateräbte und die Betonung der Autorität des Generalkapitels deutlich den Einfluß der Dominikaner.[330]

Im übrigen zeugen die zahlreichen Statuten von seiner wachsamen Tätigkeit zur Erhaltung der Observanz. Die jährlichen (CC 1, VII; CC 2, III) Zusammenkünfte fanden große Beachtung bei den Päpsten, oft ergingen eigene Schreiben höchster Anerkennung an die versammelten Väter. Alexander III. nannte in einem Schreiben an das Generalkapitel den Orden einen Trost und eine Hilfe in den Stürmen, welche über die Kirche hereingebrochen und einen Anker, der das Schifflein Petri unter Sturm und Wogengebraus festgehalten habe; seine Äbte hätten nicht mit menschlicher Weisheit, sondern durch das Licht des Hl. Geistes geholfen, der Kirche den Frieden zu bringen.[331] Innozenz III., Honorius III. und Gregor IX. schätzten es so hoch, daß sie bei jeder wichtigen Unternehmung Mitglieder desselben zu Rate zogen.

"Anderseits konkurrierte die glanzvolle Zusammenkunft des Generalkapitels zum Ärger der Bischöfe arg mit der Diözesansynode und sie mochte ihnen als interdiözesanes Institut zuwider sein."[332] Daß dies schon auf die ersten Jahrzehnte des Ordens zutrifft, zeigt die Mahnung des Generalkapitels in einem ihrer ersten instituta: "Niemand soll es wagen, auf Befehl des Bischofs ... dem Generalkapitel fernzubleiben, nicht weil wir unseren Bischöfen den schuldigen Gehorsam verweigerten, sondern weil wir es so zu halten im Orden beschlossen haben und es so beobachten wollen."[333] Ein Grundsatz, der in all seinen Entscheidungen immer wieder durchbricht und auch zum Grundton der päpstlichen Bullen für den Orden geworden ist, aus dem heraus aber auch immer wieder die Besuchspflicht eingeschärft wurde.[334]

In seiner großen Reformbulle "Parvus fons" änderte Clemens IV. auch die Rechtstellung dieser Einrichtung. "Die Bedeutung der Clementina läßt sich kurz formulieren in Herabsetzung des Filiationsrechtes und Erhöhung der Macht des Generalkapitels."[335] Zentralisation entsprach der CC prior, aber sie übertrug die Zentralgewalt mehr auf den Abt von Citeaux. Die Clementina übertrug sie nun auf das Generalkapitel. Mit Recht sagt daher Turk: "Bullam Clementiam medium inter CC priorem et CC posteriorem locum tenere dicendum est."[336]

An Sonderprivilegien des Generalkapitels ist in unserem Zeitraum nur zu vermerken, daß ihm Honorius III. die Gewalt übertrug, die Mönche von Irregularitäten zu dispensieren. Diese Gewalt war schon früher in einem uns unbekannten Privileg den Primaräbten erteilt worden, denen sie bei der Übertragung auf das Generalkapitel wieder genommen wurde.[337]

Den Primaräbten wird erst von der CC posterior (CC 2,IV), spätestens aber 1163 [338] das Recht zugesprochen, jährlich die Mutterabtei Citeaux zu visitieren. Der vierte Primarabt (der Abt von Morimund) wird erst 1163 als solcher genannt. In der vorhergehenden Bestätigungsbulle der CC von 1157 schienen nur die drei Äbte von La Ferté, Pontigny und Clairvaux auf.[339]

Außer dem in der Bulle Honorius III. angedeuteten Privileg, das ihnen die Gewalt, Mönche von Irregularitäten zu dispensieren, erteilte, ist in unserem Zeitraum kein Privileg bekannt. Auch dieses Privileg wurde, wie schon angedeutet, abrogiert.

Dem Vaterabt gestand die CC prior (5,7) die jährliche Visitation, die CC 2)c.IV) die Leitung der Tochtergründungen während der Vakanz, die Leitung der Neuwahl (IV, 18), die Entgegennahme einer Resignation zu, dagegen die rechtsgültige Annahme nur in Beisein und Beratung einiger benachbarter Äbte (V, 23), endlich auch das Korrektionsrecht. (V, 24). Die Minderung seiner Rechte durch die Clementina (Verwaltung der Tochterabtei während der Sedisvakanz und Leitung der Neuwahl) war ganz im Geiste des hl. Stefan und der Bestimmungen der CC 1.[340]

Eine Sonderprivilegierung wurde in unserer Periode den Vateräbten nicht zugestanden. Diesen gesetzgebenden, ausführenden und die Gerichtsbarkeit über die Mitglieder ausübenden Organen des Ordens standen zum Aufsichtsrecht des Bischofs in einem eigenartigen Verhältnis. Einerseits gestand ihnen die vom Papst bestätigte Verfassung praktisch alle Verwaltungs- und Jurisdiktionsbefugnisse zu, die zur gedeihlichen Entwicklung der Klöster im Hinblick auf die Beobachtung der "puritas regulae" notwendig waren. Anderseits war das Aufsichtsrecht des Bischofs nicht ausdrücklich abrogiert worden, wie es etwa bei früheren Einzelexemtionen oder beim privilegium commune von Cluny geschehen war. Gerade zur Zeit des Konzils in Lateran (1123) aber beriefen sich die Bischöfe immer wieder auf das Chalcedonense, welches - allerdings unbestimmt - ihnen "sorgfältige Aufsicht" zum Recht und zur Pflicht machte; trotzdem gelang es dem Orden, in den ersten Jahrzehnten von den Bi-

schöfen geduldet, ja sogar gefördert, seine Selbstverwaltung auszuüben, die dann allmählich durch Privilegien untermauert wurde.
Im folgenden sollen nun diese Privilegien bzw. Freiheiten gegenüber der Jurisdiktionsgewalt des Bischofs beleuchtet werden.

Befreiung von der Diözesansynode.

Der Bischof berief die unter seiner Aufsicht stehenden Klöster "iudiciaria potestate" zur Diözesansynode. Für gewöhnlich mußten sie wohl oder übel dieser "lästigen Verpflichtung" nachkommen; denn die Verhandlungsgegenstände waren für das Kloster von nicht geringer Bedeutung.[341]

Es wurden größtenteils klösterliche Streitigkeiten mit Laien, mit Nachbarklöstern, mit dem Diözesanklerus und dem Bischof selbst verhandelt.[342]

Daß Synoden solcher Art zur inneren Reform der Klöster nicht viel beitrugen, da sie das Augenmerk ständig auf die Wahrung ihrer mit dem Diözesanleben eng verflochtenen Interessen richteten, scheinen die Gründer von Citeaux schmerzhaft empfunden zu haben. Sonst hätten sie nicht geradezu ängstlich alle Reibungsflächen, die Konflikte mit weltlichen und geistlichen Stellen bringen und das beschauliche Leben eines Mönchsklosters stören konnten, von vornherein aus der Welt geschafft.

Die Gewohnheiten des Neuklosters und seiner Tochtergründungen waren in der Tat kaum dazu geeignet, Grund und Anlaß für Streitigkeiten zu bieten. Sie verzichteten auf Großgrundbesitz, Pachtzins, Mühlenzins, Kirchenzehent usw. Sie wollten ihre Klöster in Einöden und entlegenen Stellen errichten - kurz: "sie verzichteten auf das alles, indem sie sagten: Wo der hl. Vater Benediktus lehrt, daß der Mönch "vom Treiben der Welt sich fern halte", dort erklärt er deutlich, daß dergleichen weder in der Wirklichkeit noch in

Gedanken die Mönche beschäftigen solle, die der Bedeutung ihres Namens gerecht werden müssen, indem sie solches meiden."[343]

Schon der den Mönchen wohlgesinnte Reformeifer Paschalis II. versuchte für alle Klöster diese Diözesanverpflichtung zu lockern und einzuschränken auf die Verhandlung von Glaubensfällen. Er stützte sich dabei auf die Bestimmung des Konzils von Chalcedon, "daß sie (die Mönche) die Ruhe lieben und nur dem Fasten und Beten obliegen sollen, an den Orten, wohin sie gewisen sind, verharrend."[344] Aber dieser Versuch "mußte bei dem wechselnden Inhalt der Synodalberatung (und der engen Verflochtenheit der Benediktinerklöster mit dem Diözesanleben) praktisch ohne Erfolg bleiben und wurde bloß in den ersten Dezennien des Jahrhunderts einige Male wiederholt."[345]

Ganz anders lagen die Dinge bei den Zisterziensern, wo in derselben Zeit eine streng eingehaltene Observanz, fast keine Reibungsflächen mit kirchlichen und weltlichen Besitzern und ein gut funktionierendes Generalkapitel, auf dem echte klösterliche Probleme zur Sprache kamen, festzustellen ist.

Als dazu ein hl. Bernhard um die Befreiung von der Diözesansynode ersuchte und der schon hochbetagte hl. Stefan um die Ausdehnung dieses Privilegs auf den ganzen Orden besorgt war, konnte Innozenz II. mit ganz anderem Nachdruck den Bischöfen verbieten, die Zisterzienser auf die Diözesansynode zu zwingen, es sei denn, für Glaubensfragen.[346]

Das Privileg ist auch später, als sich die Beziehungen mit dem Diözesanleben des Ordens teils durch das Schisma des Oktavian, teils durch den wirtschaftlichen Aufschwung der Klöster wieder verwickelter gestalteten, von der Kurie öfter bestätigt worden.[347]

Im folgenden Jahrhundert betonte Honorius III. ausdrücklich, auch der Grangien (Güter) wegen sei der Orden zur Diözesansynode nicht verpflichtet.

Die an sich schon gegebene Freiheit von bischöflichen Zensuren wurde von Innozenz IV. noch einmal ausdrücklich festgestellt.[348]

Den größten Anteil an dieser Entwicklung hatte ohne Zweifel das Generalkapitel; in ihm besaß der Orden seine eigene Synodalverfassung, die im Laufe der Zeit sehr oft kraftvoll in Erscheinung trat. So zum Beispiel, als es in jener denkwürdigen Sitzung von 1161 [349] sich für Alexander III. erklärte und in der Folge nicht wenig dazu beitrug, der Sache des Papstes zum Siege zu verhelfen. Zumeist aber waren es Weisungen, Mahnungen und Bestimmungen, in denen es Gottesdienst und klösterliche Gewohnheiten ordnete und Übertretungen bestrafte.[350]

So "mußte sich beim Zisterzienserorden, der in seinem Generalkapitel seine eigene Synodalverfassung besaß, die Befreiung mit innerer Notwendigkeit vollziehen."[351]

Befreiung von der bischöflichen Visitation.

Einmal jährlich, so bestimmte schon die uns als erste vorliegende Fassung der Carta Caritatis, sollte der Abt seine Tochtergründungen visitieren. (CC 1 IV,15; CC 2 II,7)

Schon die Summa CC sucht den Visitationsmodus genauer zu umschreiben. Der visitierende Vaterabt solle sich hüten, der Tochterabtei Abgaben aufzuerlegen oder Funktionen des Abtes z.B. die Novizenaufnahme, auszuüben. Vielmehr soll er sich darauf beschränken, für das Heil der Seelen zu sorgen, und was gegen die Regel oder den Orden verstößt, unter Beratung mit dem Abt der Tochterabtei und in aller Liebe abzustellen (SCC 1117).

Erst die spätere Fassung der CC beauftragt die vier Primaräbte, auch die Mutterabtei Citeaux jährlich zu visitieren

(CC II, bestätigt um 1165).

Daß das Generalkapitel sich die Einhaltung und den reibungslosen Verlauf der jährlichen Visitation in allen Abteien sehr angelegen sein ließ, beweisen die zahlreichen Bestimmungen.[352]

Wenn die päpstlichen Entscheidungen für den Gesamtorden auch erst im 13. Jahrhundert einsetzen, so kann deshalb kaum ein Zweifel bestehen, daß Visitationen eifrig abgehalten wurden.

Auffallenderweise ergeben im allgemeinen "die Urkunden des 12. Jahrhunderts über die Handhabung der Visitation fast gar nichts."[353] In unserem Falle wäre aber das kaum zu verwundern. In der Carta Caritatis war dem Papst ein hervorragend organisiertes System vorgelegt worden, daß die klaglose Abwicklung dieser so notwendigen Einrichtung für die Disziplin der Klöster gewährleistete. Die verschiedenen Fassungen, die zumindest zum Teil mit den Zusätzen dem Papst neu zur Bestätigung vorgelegt wurden (Sacrosancta-Bullen), zeigen, daß man dazugelernt hatte und bestrebt war, sie möglichst fruchtbar zu machen oder ihre Unterlassung hintanzuhalten. Die CC posterior trifft in diesem Punkt z.B. die ergänzende Bestimmung, daß im Falle der Verhinderung eines zur Visitation verpflichteten Abtes einer seiner Mitäbte die Visitation der Tochterabtei vornehmen solle.(CC 2II,20)

So glauben wir nicht fehlzugehen in der Annahme, daß in Bezug auf die Visitation die Bischöfe im 12. Jh. die Rechte und Statuten des Ordens im allgemeinen achteten. Sicher fänden sich im amtlichen Briefwechsel der Einzelhäuser auch manche Klagen über Rechtsverletzungen, die aber das Visitationsrecht der Ordensäbte nicht wesentlich beeinträchtigt haben dürften.

Erst im folgenden dreizehnten Jahrhundert scheinen sich größere Unstimmigkeiten mit der Diözesankurie ergeben zu haben, die den Papst veranlaßten, Bischöfen und einzelnen apostolischen Bevollmächtigten die Abhaltung einer Visitation in Zisterzienserklöstern zu untersagen.

Zunächst war es das Generalkapitel, das jedem Bischof, auch Zisterzienserbischöfen, ausdrücklich die Visitation untersagte.[354]

Ein interessantes Schreiben erging von Gregor IX. an einen Subdekan in der Diözese Ebrach, der als apostolischer Visitator die exemten Klöster zu visitieren hatte. Der Papst läßt seinen Beauftragten wissen, daß es nicht in seiner Absicht läge, daß die Klöster des Zisterzienserordens, "die überaus blühten in der Regeldisziplin und nach den Statuten ihres Ordens jährlich visitiert würden", zu visitieren. Er befiehlt ihm, kraft des Gehorsams, Visitationen zu unterlassen und begonnene Prozesse zu widerrufen.[355]

Ein Jahrzehnt später betont Innozenz IV., daß nur die von den Statuten des Ordens bestimmten Äbte die Befugnis hätten, die Klöster des Ordens zu visitieren. In vielen Wiederholungen betont der Papst, ähnlich wie im oben angeführten Schreiben, der Orden solle "wie früher, so auch in Hinkunft" frei sein, "der Wirkung der heiligen Handlung" wegen habe es bisher nie einer Fremdvisitation bedurft, ja, von ihm hätten andere die Wohltat einer Erneuerung empfangen."[356]

Diese Dekrete greifen sicher zurück auf die Statuten des Ordens, wie sie von Calixt II. schon bestätigt wurden. Und da die Visitation von Anfang an auf ein nachweisbar blühendes Filialsystem aufbaute, ist ein Verfall des Visitationssystems und ein stärkeres Eingreifen des Bischofs mit grosser Sicherheit für das 12. Jh. ausgeschlossen.

Wieder ein Jahrzehnt später ist es Alexander IV., der auf die zur Visitation deputierten Äbte und Mönche verweist, die allein berechtigt und verpflichtet wären, in den Klöstern des Ordens zu visitieren. Und weil die " Visitationstaxe nur für eine wirklich vorgenommene Visitation zu zahlen sei", verbietet er den Bischöfen, sie zu verlangen. Ebenso binden bei solcher Gelegenheit verhängte Kirchenstrafen nicht. War den Bischöfen die Visitation verboten, so wollten manche Bischöfe wenigstens die Visitationstaxe. Dagegen erließ Alexander IV. die Bestimmung: "Kein ... Bischof soll es wagen, von euch die Visitationstaxe zu erpressen ... weil sie ihnen nicht zu zahlen ist, wenn sie nicht visitieren."[357]

Die Clementina präzisierte noch einmal das Visitationsrecht des Ordens und gibt genaue, praktisch gewordene Bestimmungen über die Dauer, den Vorgang und die Aufwände bei der Visitation." Sie bestätigt im allgemeinen Kap. 2 der CC posterior, [358] "die Gewalt der Visitatoren erfährt im allgemeinen eine Einbuße." (ebda)

Hand in Hand mit dem Recht (und der Pflicht) der Visitation ging das des K o r r e k t i o n s r e c h t e s .

Die CC prior und die SCC hatten noch dem Bischof nach vier Mahnungen dieses Recht zugewiesen, in letzter Instanz war aber der Abt von Citeaux zuständig. Durch die CC posterior waren in den Filialklöstern die Vateräbte, für Citeaux das Generalkapitel als letzte Instanz aufgestellt.(vgl. oben S.)

Befreiung von der Strafgewalt des Bischofs.

Wir setzen uns in diesem Kapitel nicht so sehr damit auseinander, ob wir in der "Befreiung von der Strafgewalt die wichtigste und markanteste aller möglichen Befreiungen, daher für diese Periode die Exemtion schlechthin" zu sehen haben, bzw. etwas abgeschwächt: "die wichtigste unter den Teilexemtionen", oder ob "im Rahmen des Schutzprivilegs den Ortsbischöfen manchmal das Recht entzogen wurde, Klöstern

gegenüber Exkommunikation oder Interdikt zu verfügen."[359]
Wir werden uns in der Hauptsache darauf beschränken, einschlußweise und vermutliche Anzeichen und besonders ausdrückliche Bestimmungen in den päpstlichen Dokumenten aufzusuchen, die den Orden von der Strafgewalt des Bischofs befreien und sie chronologisch vorzulegen.

In der ersten Schutzbulle für Citeaux, der Pauschalbulle, finden wir die Schutzformel: "Jenen Ort, den ihr der klösterlichen Ruhe wegen zur Wohnung erwählt habt, erklären wir für geschützt vor allen Bedrängern und für frei, er soll immer Abtei sein und unter dem besonderen Schutz des apostolischen Stuhles stehen ..."[360] Im gleichen Dekret erläßt der Papst im Hinblick auf das besondere Gründungsmotiv des "Neuklosters" folgendes Verbot: "Durch dieses Dekret verbieten wir jedem, wer immer es sei, eure Lebensform zu ändern ... und eure Gemeinschaft durch irgendwelche Umtriebe oder Gewalttaten in Verwirrung zu bringen."[361] Damit scheint der Abtei sicher gewährt worden zu sein:
1. Freie Vermögensverwaltung. Also das Recht auf <u>berechtigte</u> Vermögensansprüche. Sie konnten der Abtei laut Schutzdekret nicht streitig gemacht werden, auch nicht unter Zensuren.
2. Erhaltung des "status conversationis", wie er seit zwei Jahren in Citeaux gelebt wurde. Die Änderungsvollmacht behielt sich also der hl. Stuhl unmittelbar selbst vor. Eine solche Änderung konnte auch nicht unter Exkommunikation, Suspension oder Interdikt vom Diözesanbischof erzwungen werden. Die Strafen waren ungültig, da gegen eine ausdrückliche päpstliche Verfügung verhängt, (wie Alexander dann ausdrücklich feststellt) unbeschadet dessen übriger Rechte.[362] So wäre es denkbar, daß der Bischof die Einhaltung der Observanz auch unter Zensuren hätte erzwingen können.
Die Pauschalbulle beläßt nach wie vor die Abtei unter der Aufsichtsgewalt des Bischofs. "Im allgemeinen war ... in un-

serer Periode bereits mit dem Akte der Gründung die Freiheit o d e r die Zugehörigkeit zum Ordinarius gegeben."[363] In Citeaux vereinigte sich Freiheit in Vermögensfragen und besonders Freiheit gegenüber Eingriffen, die eine Änderung ihrer bisherigen Regelinterpretation- und Beobachtung mit sich gebracht hätten m i t der Zugehörigkeit zu den Aufsichtsrechten des Bischofs.

In der Konfirmationsbulle für die Carta Caritatis durch Calixt II. werden "jene Kapitel, die nach Beratung und gemeinsamem Beschluß der Äbte, der Mönche und der Ortsbischöfe, in deren Pfarreien die Klöster lagen, und die für die Beobachtung der Regel und ... den Orden notwendig schienen," bestätigt; der Papst bedroht alle, die ihre Ausführung behindern, mit der Exkommunikation.[364]

Unter diesen "capitula" beschäftigte der Papst auch jenes, in dem festgesetzt wurde, "die Äbte dieser Klöster sollten jährlich ... zusammenkommen, dort über das Heil der ihnen Anvertrauten beraten, Dinge betreffs der Beobachtung der hl. Regel ordnen, wenn etwas zu bessern oder zu fördern sei; das Gut des Friedens und der Liebe untereinander erneuern." (CC 1 VII, 12a 13)

Allerdings übernahm diese Äbtezusammenkunft vorerst nur die Besserung der leichteren Fehler. (CC1 VII, 14)

Damit erhält die durch die erste Bulle vom Papst geschützte Observanz auch ein unter der Oberaufsicht des Papstes stehendes Organ, das nötigenfalls auftretende Schwierigkeiten und Probleme behandeln und entsprechende Bestimmungen treffen sollte. Damit war also Interpretation und Überwachung der Observanz auf dieses Äbtekapitel übergegangen; im Filialsystem wurden alle Aufsichtsfunktionen konkret durchgeführt. In letzter Instanz war der Abt von Citeaux als ausführendes Organ zuständig. Wie wir bereits ausführten, trat in der späteren Fassung an seine Stelle ebenfalls das Generalkapitel, und der Abt von Citeaux handelte in seinem Namen und Auftrag.³⁶⁵

Es war dem Bischof verboten, die Ausführung dieser "capitula" zu behindern. Daher konnte er natürlich auch nicht durch Strafen ihre Ausführung verhindern.

Sowohl in der Bulle als auch in beiden Fassungen der CC werden dem Bischof aber seine Rechte nicht ausdrücklich abgesprochen.

Die durch Calixt II. bestätigten "capitula" und die "constitutio" enthalten nichts über die Pflicht der Äbte zur Diözesansynode. Also blieb diese Verpflichtung bis auf weiteres aufrecht. "Der Bischof berief die Nichtexemten "judicaria potestate"; für den Fall des Nichterscheinens belegte er sie mit dem Bann. Seine Handlungsweise entsprach der Auffassung des Papstes."³⁶⁶

Innozenz II. verbot nun, "daß ein Bischof ... einen Zisterzienserabt zur Diözesansynode zwinge, es sei denn, sie verhandle Glaubenssachen." Mit diesem Verbot war dem Bischof sicher auch die Möglichkeit genommen, einen Abt wegen seines Fernbleibens zu exkommunizieren. Daß Straffreiheit automatisch mit der Freiheit verbunden war, die das Privileg gewährte, sagt Innozenz IV. gelegentlich der Wiederholung ausdrücklich.³⁶⁷

Die Bulle Eugens III. vom Jahre 1152.³⁶⁸
Eugen III. war der Papst, der zum erstenmal a u s d r ü c k l i c h von einer Kirchenstrafe befreite. Er erlaubte den Klöstern, auch bei allgemeinem Interdikt, allerdings bei verschlossenen Türen und "submissa voce", ihr Choroffizium fortzusetzen. In den folgenden "Sacrosancta" - Bullen wurde dieses Privilegium bestätigt.³⁶⁹ Dieses Privileg ist sehr aufschlußreich für die Rechtstellung des Klosters. Schon zu Anfang des Jahrhunderts wurde es nur jenen Klöstern zuteil, welche die Befreiung von der Strafgewalt des Bischofs genossen. Unter Alexander III. wurde es dann planmäßig und absichtlich sehr häufig verliehen. "Die steigen-

de Fülle bischöflicher Strafsentenzen, die Sorge um den ungestörten Fortgang monachalen Lebens, in den Tagen kirchenpolitischer Gegensätze und episkopaler Ansprüche hatten ihn nötig gemacht."[370]

Die Bulle Alexanders vom Jahre 1169.

Alexander III. stellt es den Bischöfen frei, "Forderungen der Bischöfe gegen die Freiheit des Ordens außer dem geschuldeten Gehorsam kraft apostolischer Authorität zu verweigern. "Sollten die Bischöfe deshalb gegen eine Person oder ein Kloster eine Sentenz verhängen, dann sei dieselbe als gegen ein apostolisches Indult verhängte Sentenz ungültig."[371]

Im letzten Satz verweist der Gesetzgeber auf einen Rechtsgrundsatz, der eigentlich selbstverständlich ist. So gewiß der Papst das Recht hat, ein Sonderrecht zu geben, so wenig hat Ortsordinarius das Recht, dieses durch Zensuren zu verhindern.[372]

Der Papst begründet seine Entscheidung mit dem Hinweis: "ne occasione ista Ordo ipse, qui hactenus liber exstitit, perpetuae servitutis laqueo vinciatur". Wir werden dieser Begründung noch öfter begegnen. Ohne Zweifel hat der Papst die von Calixt II. und später in den "Sacrosancta" - Bullen sanktionierten Kapitel der CC und damit seiner relativen Unabhängigkeit vor Augen. Denn durch sie erfolgte die Einsetzung von Überwachungsorganen innerhalb des Ordens, die eine Aufsicht der Observanz durch den Bischof praktisch überflüssig machen.[373]

Der Papst war schon vorher als Kanzler Roland an der Ausarbeitung der letzten fünf Bestätigungsbullen für die CC maßgeblich beteiligt ... gewesen. Schreiber hat diesen Verweis auf die bisherige Freiheit ganz richtig auf die Calixtbulle bezogen und meint: "Die hier vom Papste angezogene "libertas" bedeutet natürlich nichts weniger als eine Totalexemtion. "libertas war hier nur der s u m m a r i s c h e A u s d r u c k für jene Freiheiten, die einmal die carta caritatis ... beanspruchte. Dazu kamen jene anderen Vergünstigungen, die ferner von vor und nachalexandrinischen Papstprivilegien verliehen wurden."[374]

Schreiber scheint aber neben diesem trefflich charakterisierten Passus leider übersehen zu haben, daß schon in diesem Dekret mit fast denselben Worten wie auch aus demselben Anlaß (Obödienzeid) der Papst eine Zensurierung von Seiten der Bischöfe auf Grund verweigerter Forderungen gegen die Ordensstatuten irritiert, wie es in folgendem Erlaß Lucius III. geschieht, den er dann als Exemtionsbulle unter allgemeiner Zustimmung inthronisiert.

Die Bulle Lucius' III. [375] vom Jahre 1184.

In der Luciusbulle wird die Grenze zwischen der dem Bischof geschuldeten Unterwerfung und der Freiheit des Ordens überraschend scharf gezogen, wenn auch nicht erst jetzt festgesetzt. Außerdem hören wir sogar von Anfangsstatuten, wenn er sagt: "Licet ordo vester ea se servaverit episcopis humilitate subjectum, ut salvis originalibus institutis eorum semper vellet m a g i s t e r i o subjacere." Damit umreißt der Papst das Rechtsverhältnis des Ordens zum Bischof, zumindest seit Alexander III.; der Lehrgewalt hatte sich der Orden also immer unterworfen. Bezüglich Abtsbenediktion genoß er Freiheit im Falle von Repressalien. Bezüglich der Pontifikalien war und blieb er an den Diözesanbischof verwiesen.

Obwohl also der Orden sich immer der Lehrgewalt des Bischofs unterworfen hatte, so habe er doch, so fährt der

Papst weiter, b i s h e r die Freiheit innegehabt, daß keiner gegenüber Klöster und Ordensäbten irgendeine kirchliche Sentenz verhängen, Ordenspersonen exkommunizieren, suspendieren oder gegen sie das Interdikt verhängen dürfe.

Der Papst gibt auch den Rechtstitel dieser Befreiung an: "illud tamen hactenus d e f a v o r e e t p r o - t e c t i n e a p o s t o l i c a e s e d i s obtinuit." In keinem Dokument wird die Straffreiheit gegenüber dem Bischof so unmittelbar mit dem Schutz in Beziehung gebracht.

Schon Mathis ist das aufgefallen: "Wenn nicht alles täuscht, liegt auch hierin ein Beweis, daß die Befreiung von der Strafgewalt noch gegen Ende des zwölften Jhs. eine Folge des Schutzes und nicht nur der Exemtion war."[376]

Schon Blumenstok kam für das elfte Jahrhundert zum selben Ergebnis. Nach ihm faßte die päpstliche Kanzlei die Befreiung von der bischöflichen Strafgewalt offenbar als selbstverständliche Folge des Schutzes auf. "Diese Folge trat immer ohne Rücksicht auf die Erlaubnis des betreffenden Ordinarius ein und bildete einen i n t e g r i e r e n d e n B e s t a n d t e i l des päpstlichen Schutzrechtes."[377]

Auch Scheuermann ist ihm neuerdings hierin gefolgt mit dem einleuchtenden Hinweis, "daß der Schutz zwar materielle Unabhängigkeit bot, daß aber bei einem Konflikt zwischen Bischof und Kloster der Ordinarius auf dem Wege über seine geistliche Gewalt Druck auf das Kloster ausüben konnte. So waren die Strafen einer allgemeinen Exkommunikation oder eines allgemeinen Interdikts in der Hand des Bischofs gefährliche Waffen gegen die Klöster, die sich anwenden liessen ohne offenen Rechtsbruch." Er schränkt seine Zustimmung dann allerdings ein, daß "m a n c h m a l" im Rahmen des Schutzprivilegs den Ortsbischöfen das Recht entzogen wurde, Klöstern gegenüber Exkommunikation und Interdikt zu verhängen. Er betont auch, diese Beschränkung habe die anderen

Rechte des Bischofs nicht beeinträchtigt. Manchmal würden sie sogar ausdrücklich erwähnt.[378] Ebenso schließt sich Turk [379] dieser Auffassung an. Wir werden uns später noch dazu äußern.

Einen praktischen Fall bietet das Dekretale 12 X 5, 33: Ein Bischof, delegiert als Cognitor für einen Streitfall, erklärt sich, nachdem er in das päpstliche Schutzprivileg Einsicht genommen hatte, für nicht zuständig. Offenbar, weil Rom das Gericht oder wenigstens die erste Appellation vor sein Forum zog.

Nachdem Lucius III. in obigen Sätzen das Verhältnis zwischen Orden und Bischof in der Vergangenheit umrissen hat, geht er auf die ihm vorgelegten Gegenwartsstreitigkeiten ein. Er brandmarkt sofort einige "moderne Prälaten" als jene, welche die von altersher gesetzten Grenzen (ihrer Gewalt) überschritten und nicht zögerten, insbesondere am Zisterzienserorden unverdiente Rache zu üben. Darauf folgt die wichtige Entscheidung bzw. Neubekräftigung:

> "u t   n u l l i   omnino liceat in vos, vel monasteria vestra, seu fratres mihi constitutos (der Papst war in die Zisterziensergebetsverbrüderung aufgenommen) c o n t r a   i d ,   q u o d   a b   o r i g i n e   o r d i n i s   n o s c i t u r   o b s e r v a t u m , e x c o m m u n i c a t i o n i s v e l   s u s p e n s i o n i s s e u   i n t e r d i c t i s e n t e n t i a m   promere. Quam, si d e p r o m p t a   f u e r i t ,   a u c t o r i t a t e a p o s t o l i c a d e c e r n i m u s   n o n   t e n e r e . "

Wieder macht der Papst, bevor er seine Entscheidung vorbringt, eine Anspielung auf das, "was man im Orden von Anfang an beobachtet habe." Turk glaubt, damit sei nur der Schutz für Citeaux gemeint: "Verumtamen Summus Pontifex casus in mente habere videtur, qui cum illo statuto CC prioris nihil commune habent; nam ipse declarat Ordinem Cisterciensem tale praesidium iam ab initio accepisse. (vgl. Anm. 352) Dagegen scheint aber zu beachten zu sein, daß der Papst vom origo o r d i n i s spricht. "Die Anfänge der Abtei Citeaux und die des Ordens müssen (aber) klar auseinandergehalten werden."[380] Freilich ist dabei zu fragen, wieweit damals diese Unterscheidung gegenwärtig war. Wir glauben aber nicht fehlzugehen, wenn wir annehmen, der Papst spiele mit dieser Anmerkung auf die im Rahmen des Schutzprivilegs ebenfalls geschützte und dann später in der CC verfassungsrechtlich gesicherte Observanz, also auf den Gesamtkomplex der Zisterziensereigenart, an.

Die Kardinalfrage um dieses Privileg aber ist, ob wir eine e r s t m a l i g e Erteilung o d e r nur eine w i e d e r h o l e n d e Bestätigung vor uns haben.

Tatsächlich ist die Wiederholung nicht immer als solche leicht erkennbar. Oft fehlt die Berufung auf frühere Päpste, so auch hier im Luciusprivileg.

Schreiber hat sich z ö g e r n d für die erstmalige Erteilung entschieden: "Es (das Luciusprivileg) verlieh eine, wenn auch verklausurierte Befreiung von der Strafgewalt des Bischofs, die, wenn auch nicht sicher, so doch mit viel Wahrscheinlichkeit auf Lucius III. als den ersten Verleiher zurückgeht."
Mahn hat die Bulle zur definitiven Exemtionsbulle des Zisterzienserordens erhoben, welche das Ausmaß der vorher erteilten Freiheiten krönt.[381]

Ihre Begründungen konnten uns nicht überzeugen. Schreiber begründet seine Ansicht *negativ* folgendermaßen. Für das "hactenus" sei bisher keine Bulle gefunden worden. (vgl. Anm. 373) Hier liegt offensichtlich ein bedauerliches Versehen vor. In derselben Bulle von 1169, der er das "hactenus" entnimmt, findet sich dasselbe Verbot an die Bischöfe, und wir vermögen inhaltlich keinen Unterschied zu entdecken mit Ausnahme einiger schärferer Formulierungen, welche die Bestimmungen des Papstes klarer hervortreten lassen.(velle magisterio sub jacere, de favore et protectione ...) __Positiv__ findet Schreiber seine Ansicht durch die Feststellung Lucius III. bekräftigt, der Orden habe sich bisher dem Bischof unterworfen. Hier bricht seine Ansicht durch, daß der Obödienzeid mit Exemtion unvereinbar sei. Weil nun nach Schreiber die Befreiung von der Strafgewalt des Bischofs der Exemtion gleichkommt, könne diese Bulle auf Grund dieses Hinweises nur Erstverleihende der Straffreiheit vom Bischof sein. (vgl. Anm. 381)

Die "verklausurierte" Verleihung findet Schreiber in den Ausdrücken "ordo vester ... illud tamen h a c t e n u s de favore et protectione apostolicae sedis obtinuit." Diese privilegienrechtlich hochbedeutsamen termini, die auf altes, schon besessenes Recht verweisen, finden durch ihn eine psychologische Erklärung: "Der Orden, der b i s h e r solches Recht besessen hätte, sei dem kirchenpolitisch stark festgehaltenen und zisterzienserfreundlichen Papst suggeriert worden. Und Schreiber stellt sich weiter die Frage: War es eine ignorantia affectata! Der Papst habe ja den Orden auf der Synode von Verona 1184 gegen Barbarossa gebraucht. War es ein ignorantia invincibilis? Der erfinderische und selige Abt Petrus sei ja selbst auf dieser Tagung anwesend gewesen? Kehren wir wieder zum Privilegienrecht zurück.

Mahn folgt mehr oder weniger Schreiber in der Beweisführung und verweist mehr auf äußere Kriterien, auf die einer definitiven Exemtion äußerst günstigen historischen Umstände und die bis zur Siedehitze angewachsene Privilegierung des Ordens, die nun durch die "Eximierung" durch eine "definitive" Erklärung ihre Krönung erhielt.

Läßt sich der wiederholende Charakter einer Bulle schon

nicht durch das Vorhandensein eines Rückverweises feststellen, so ist auf die eventuelle Wiederholung des Inhalts zu achten. Wir verwiesen auf die Bulle Alexanders III. von 1169. Um den Inhalt beider Bullen vergleichsweise schärfer hervortreten zu lassen, setzen wir ihre Texte nebeneinander.

Bulle Alexander III. (1169)   Bulle Lucius III. (1184)

1. Sane si episcopi aliquid ab abbatibus p r a e t e r o b o e d i e n t i a m debitam,

1a. licet ordo vester ea se servaverit e p i s c o p i s h u m i l i t a t e   s u b j e c t u m,

2. contra l i b e r t a t e m   o r d i n i s   a p r a e d e c e s s o r i b u s   nostris et nobis indultam,

2a. ut salvis originalibus institutis eorum semper vellet magisterio subjacere, illud tamen h a c t e n u s   d e f a v o r e   e t   p r o t e c t i o n e   a p o s t o l i c a e s e d i s   o b t i n u i t,

3. expetierint, liberum sit eisdem abbatibus auctoritate apostolica denegare, quod petitur,

4. ut nullus in monasteria, vel abbates ordinis memorati <u>quamlibet ecclestasticam sententiam</u> promeret; vel personas in eorum ordine constitutas excommunicationis, vel suspensionis seu interdicti promulgatione gravaret.

5. ..praesentium litterarum inscriptione statuimus et auctoritate apostolica confirmamus, ut nulli omnino liceat in vos vel monasteria vestra seu fratres mihi constitutos

6. ne occasione ista <u>ordo ipse, qui hactenus liber extitit,</u> perpetuae servitutis laqueo vinciatur,

6a. <u>contra id, quod ab origine ordinis noscitur observatum,</u>

7. Quod si episcopi <u>aliquam</u> p r o p t e r   h o c   in personas, vel ecclesias <u>sententiam</u> promulgaverint, ean-

7a. <u>excommunicationis,vel suspensionis seu interdicti sententiam promere.</u>

113

dem sententiam tanquam contra apostolicae sedis indulta prolatam irritam fore sancimus.

8. Sancimus praeterea, ut si episcopi,

9. tertio cum humilitate et devotione, sicut convenit, requisiti, substitutos abbates

10. benedicere forte renuerint,

8a. Adicientes quoque decernimus, ut archiepiscopi et episcopi,

10a. in recipiendis professionibus quae a benedictis vel benedicendis abbatibus exhibentur, ea sint forma et expressione contenti, quae ab origine ordinis noscitur instituta,

11. eisdem abbatibus liceat novitios proprios benedicere, et alia, quae ad illud officium pertinent, exercere;

12. donec episcopi ipsi duritiam suam recogitent et abbates benedicendos benedicere non recusent.

13. Sane si episcopi aliquid ab abbatibus praeter oboedientiam

14. contra libertatem ordinis a praedecessoribus nostris et nobis indultam expetierint,

15. liberum sit eisdem abbatibus auctoritate apostolica denegare, quod petitur.

scilicet,
13a. ut abbates ipsi salvo ordine suo profiteri debeant
14a. et contra instituta ordinis

15a. nullam professionem facere compellantur.

Die Gegenüberstellung der Texte ergibt folgendes:
1. Die Luciusbulle ist Wiederholungsbulle (2a : hactenus... obtinuit), wiederholt zwar inhaltlich weitgehend die Bulle Alexanders (6, 6a; 7,7a; 13,13a; 14, 14a; 15, 15a), welche freilich noch andere Privilegien erteilt (die wir hier nicht anführten),
    b e r u f t sich aber nicht auf sie, sondern auf eine Schutzbulle (2a: hactenus de ... protectione ... obti-

nuit) und die im Rahmen des Schutzes von der Kurie anerkannter und bestätigter "i n s t i t u t a" (2a, inhaltlich 6a, 10a, 14a), unter denen wir ohne Zweifel die CC zu verstehen haben.

2. Das P r i v i l e g , das die Luciusbulle wiederholt und das der Papst als Folge des Schutzes betrachtet (2a), ist die Freiheit von der Strafgewalt des Bischofs im Hinblick auf die von Anfang an beobachtete Observanz (6a) und folglich auch ihrem dem Orden durch die von der Kurie bestätigten Schutz durch die "instituta", durch die dem Orden die Aufsichtsrechte über sie zugestanden werden. (10a, 14a)

3. Die Alexanderbulle ist ebenfalls eine Wiederholungsbulle (2, 6). Sie verweist auf ein von den Vorgängern und (wiederholend) dem regierenden Papst gewährtes Privileg (14), und zieht daraus den Schluß (7: Quod si ...), daß jede Sentenz, die etwa w e g e n dieses Privilegs verhängt wird (7,15) und weil Zisterzienser etwas verweigern, was gegen ihre "libertas indulta" verstößt (13, 14, 15) von vornherein ungültig ist (7). Wir glauben nicht fehlzugehen, wenn wir annehmen, daß Alexander III. , ein wohlbewanderter Jurist, in dem Hinweis "tamquam contra apostolicae sedis indulta prolatam ..." (7) nicht nur einen für die Zukunft, sondern einen schon immer gültigen Rechtsgrundsatz als Begründung für die Ungültigkeit solcher Zensuren anführt.[382]

4. Das Privileg, das die Alexanderbulle wiederholt, ist also ebenfalls die Freiheit von der Strafgewalt des Bischofs im Hinblick auf die wiederholt gewährte "libertas". Alexander scheint nun unmittelbar an die in den "Sacrosancta" - Bullen von seinen Vorgängern und von ihm bestätigten "institutiones regulares" zu denken (14), durch die auch das Strafrecht des Ordens noch einmal bestätigt wurde.[383] Die letzte dieser Bullen hatte er überdies mit

dem Zusatz versehen:
"Electus autem nulli archiepiscoporum aut episcoporum emancipatus vel quasi absolutus tradatur. Sed nec post factam archiepiscopo vel episcopo professionem occasione eius ordinis sùi constitutiones transgrediatur vel quasi in aliquo praevaricator eius existat."[384]
In diesem Zusatz regelt der Papst aber (für uns zum erstenmal in einer Bulle greifbar) die Frage: Wie läßt sich der Oböbienzeid an den Bischof mit den vom Papst gewährten und bestätigten Freiheiten des Ordens vereinbaren. Die Antwort ist: Der Zisterzienserabt leistet einen beschränkten Gehorsam. Was den "instituta" wiederspricht, ist "praeter oboedientiam erga episcopum" (13), aber wie es Lucius formuliert, (13a) er verspricht Gehorsam "salvo ordine suo".

Die allgemeine Schutzentwicklung zur Zeit der Luciusbulle

In die Zeit der Luciusbulle (1183 - 1195) datiert Blumenstok [385] eine äußerst starke Reaktion der Bischöfe gegen die extensive Interpretation der Schutz- und Privilegienbullen (vgl. S.21 ff). Der Erfolg sei aber nicht nur die Abwehr dieser Loslösungsbestrebungen seitens der Bischöfe gewesen sondern darüber hinaus sei die aus dem Schutz erfließende Straffreiheit eingeschränkt worden, indem die Kurie sie nur auf jene Zensuren gegeben hätte, die ohne gewissen Grund ausgesprochen worden wären. Diese Einschränkung wäre im angegebenen Zeitraum ungewöhnlich häufig gemacht worden. Wir halten es aber für unwahrscheinlich, daß allen Schutzbullen eine vollständige Befreiung von der Strafgewalt des Bischofs zukam. Die meisten Klöster standen unter der Aufsicht und Jurisdiktion des Bischofs. Sie ist aber nicht denkbar ohne eine Strafgewalt. Tatsächlich wurde sie auch immer ausgeübt. Auch die Mahnschreiben des Papstes beziehen sich in solchen Fällen auf

Strafen, die wegen der Ausübung des päpstlichen Privilegs
verhängt wurden. (vgl. Anm. 373)

Tatsächlich spricht die Luciusbulle keine allgemeine
Strafbefreiung aus, sondern untersagt nur die Verhängung von
Strafen im Zusammenhang mit den in den "instituta" sanktionierten Freiheiten, die freilich den Orden in Fragen der inneren Disziplin praktisch eine Autonomie gegenüber dem Ordinarius gewähren. Wir sind daher geneigt, das strafrechtliche
Verhältnis des Ordens zur Diözesankurie der Bestimmung des
Canon 619 des CIC gleichzusetzen: "In omnibus in quibus religiosi subsunt ordinario loci, possunt ab eodem etiam poenis coercere." Daraus würde auch folgen: In quibus non subsunt, non possunt coerceri, was in unserem Fall sowohl Alexander III. als auch Lucius III. in den beiden dargelegten
Bullen ausgesprochen haben.

Die Befreiung von der Strafgewalt im 13. Jahrhundert.

Am Anfang des 13. Jh. scheinen die englischen Klöster die
Freiheit vom allgemeinen Interdikt zu weit ausgelegt zu haben. Sie hielten praktisch einen öffentlichen Gottesdienst.
Innozenz III. beauftragt die englischen Bischöfe, die Zisterzienseräbte und ihre Prioren wegen Bruchs des Interdikts
zu suspendieren und zur Buße nach Rom zu zwingen.[386] Der Abt
von Citeaux und der Legat für England sollten auch die übrigen Äbte warnen, sich nicht durch Bruch des Interdikts ähnliche Strafen zuzuziehen.[387]

In einem anderen Schreiben bittet er sogar den Abt von
Citeaux und die Primaräbte, die englischen Klöster zu veranlassen, auf ihre Interdiktfreiheit zeitweilig ganz zu verzichten und das Interdikt einzuhalten, um schweres Ärgernis
zu vermeiden.[388]

Anderseits schreibt er auch an zwei englische Bischöfe,
sie möchten das Interdikt baldmöglichst in seiner Strenge

mildern wegen des Privilegium ... der Zisterzienser.[389]

Auch als Honorius III. über Prag ein allgemeines Interdikt verhängte, wurde der Bischof von Olmütz beauftragt, zu überprüfen, ob es auch in allen Zisterzienserkirchen wie überhaupt in allen exemten und nichtexemten Klöstern beobachtet werde.[390]

So war es dem Orden mancherorts öfter verwehrt, seine Interdiktfreiheit in Anwendung zu bringen. Die Klöster waren oft nicht mehr so entlegen, sei es, daß man den alten Grundsatz "nicht in Städten oder festen Orten oder Dörfern, sondern abseits vom Verkehr der Menschen" (EP c.15) zu bauen, vernachlässigt hatte oder daß die Klöster selbst, was oft genug geschah, zu Zentren wirtschaftlichen Lebens geworden waren. Was man bisher öfter mit Recht zu üben glaubte, das gewährte Urban IV., allerdings auch nur den entlegenen Klöstern: ihren Gottesdienst auch bei allgemeinem Interdikt öffentlich und feierlich (aperiis januis, pulsatis campanis, alta voce) abzuhalten. Nur sollten Exkommunizierte und Interdizierte ausgeschlossen bleiben.[391]

Eine ganze Reihe von päpstlichen Bullen beschäftigt sich seit Honorius III. mit dem Strafrecht der päpstlichen Legaten. Offensichtlich auch im Zusammenhang mit ungebührlichen Geld- und Unterhaltsforderungen, die ihnen auf Grund päpstlichen Privilegs verweigert wurden, hatten sie Kirchenstrafen verhängt.

Honorius III. bringt nun die Einschränkung der bischöflichen Strafgewalt durch die Luciusbulle auch für seine Legaten zur Anwendung: Er verbietet ihnen die Ausübung und den Gebrauch der vom apostholischen Stuhl gewährten Privilegien durch die Verhängung von Strafen zu hindern oder zu ahnden. Ebenso verbietet der Papst, Klosterangehörige zu zwingen, den Klostergründer und Wohltäter zu zensurieren; es sei denn, sie hätten ein spezielles Mandat.[392]

Auch hier ist also Maß und Grenze die Privilegierung des

Ordens, welche um diese Zeit neben dem freien Selbstbestimmungsrecht des Ordens in Dingen der inneren Disziplin, der vermögensrechtlichen Freiheit, auch schon einzelne ausgesprochene Sonderprivilegien umfaßte, die in die Pfarrechte eingriffen.

Daß diese Legatenfrage immer wieder Anlaß zu Beschwerden von seiten der Klöster gab, ersieht man aus den vielen Wiederholungen der Honoriusbulle auch noch unter seinen Nachfolgern Gregor IX., Innozenz IV. und Alexander IV.

Unter Innozenz IV. wurde auch noch einmal auf Klagen der Zisterzienseräbte hin im Hinblick auf die Synodalfreiheit eine ausdrückliche Bestätigung erteilt. Der Papst bekräftigt zunächst, daß ihnen durch Privilegien (!) die Freiheit zuteil geworden sei, daß kein Bischof, oder wer immer, sie zum Besuch einer Synode zwingen könne, es sei denn, es würden Glaubenssachen verhandelt, o d e r gegen Personen des Ordens eine Exkommunikation, Suspension oder Interdikt verhängen dürfe. Wenn sie aber verhängt würden, dann seien sie als gegen apostolisches Indult verhängt durch dieselben Privilegien von vornherein ungültig (irritae ac inanes)![393]

Wir finden hier wieder die gleiche Argumentation wie in der Bulle Alexanders über die Straffreiheit (vgl. Anm.372): ein gegebenes Privileg schließt Straffreiheit von selbst mit ein. Freilich wäre die Formulierung in dieser Bulle noch am meisten geeignet, daraus eine a l l g e m e i n e Befreiung von der bischöflichen Strafgewalt zu schließen. Da aber in allen Dokumenten, die wir bisher fanden, immer auch der Rechtstitel der Straffreiheit genannt wird,(z.B. bei Freiheit der Diözesansynode), der auch zugleich ihre Grenze ausmacht, läßt sich aus dieser, auf bisheriges Indult verweisende Formulierung, keine allgemeine und totale Befreiung von der bischöflichen Strafgewalt erschließen.

Urban IV. sah sich sogar veranlaßt, diese authentische Interpretation Innozenz IV. mit der oben angedeuteten Gedan-

kenführung in einem Rundschreiben allen Bischöfen darzulegen.
Offensichtlich schlossen die Bischöfe von der Synodalfreiheit jene Zusammenkünfte aus, auf denen
Gerichtsfälle verhandelt wurden. In scharfen Worten weist er unter anderem diese Praxis zurück, rügt die Belästigung und Unterdrückung der Klöster, die sie aus Neid über ihre Freiheiten übten. Diesen "Freiheiten" setzt er den bemerkenswerten Zusatz bei: über die wir nicht wenig staunen.[394]

Während aber Innozenz IV. die Grenzen der Straffreiheit unbestimmt läßt, setzt Urban IV. wieder die Klausel der Luciusbulle (6a) hinzu: "contra id quod ab origine ordinis observatum fuisse dignoscitur."

Freiheiten von der richterlichen Gewalt.

Das privilegium fori wurde für die Klöster gleich fünfmal durch die "Sacrosancta" - Bullen bestätigt und bekräftigt: "wenn einer gegen sie eine Klage habe, möge er sie vor dem geistlichen Gericht vorbringen."[395] "Der Kampf, den die Kurie gegen eine in unserer Periode (12.Jh.) bereits lebhaft einsetzende laikale Reaktion zu führen hatte, verpflanzte sich ... in die Klosterprivilegien."[396]
Da die Zisterzienser nach ihrem Brauche in Gerichtsverfahren den Eid verweigerten, kamen sie nicht selten ins Gedränge. Schon Eugen III. schrieb an einige französische Bischöfe; da laikale Gerichtspersonen (causidici) von den Zisterziensern bei Prozessen das iuramentum calumniae verlangt hätten und sie durch ihre Weigerung in Gefahr seien, Schaden zu erleiden, sollten sie diese auffordern, einen "oeconomus zu bestellen, der die ihnen auferlegten Eide leisten könne."[397]

Lucius III. nahm diese Weisung in ein allgemeines Privileg für den Orden auf.
"Natürlich mußte die Mangelhaftigkeit der Einrichtung auf

eine Revision der Gerichtsauffassung der Zisterzienser hindrängen," [398] obwohl selbst an der Kurie noch die Meinung nicht ausgestorben war, die Eidesleistung zieme sich nicht für Religiosen. Dennoch erteilte Urban im ersten "mare magnum" des Ordens die Erlaubnis, "in eigener Sache, sei es eine Zivil- oder Kriminalverhandlung, die Zeugschaft geeigneter Brüder zu gebrauchen."[399] Diese Erlaubnis ging dann in das privilegium commune des 13. Jahrhunderts ein.

Die Befreiung von der bischöflichen Strafgewalt in Ordensdingen mußte aber auch die richterliche Gewalt des Ordinarius beeinträchtigen.

Durch die Anerkennung der CC anerkannte der Bischof auch die richterliche Gewalt der Äbte, Vateräbte und des Generalkapitels gegenüber den Klosterangehörigen. Die ihm in der früheren Fassung zugestandene mittelbare Gewalt scheint in der späteren Fassung und in den Bestätigungen durch die Sacrosanctabullen nicht mehr auf. Freilich schließen sämtliche Bestätigungsurkunden die richterliche Gewalt des Bischofs nie so ausdrücklich aus wie das etwa im Privileg Paschals für die Cellen von Monte Cassino geschieht.[400] Und doch macht sie bezeichnenderweise keine Einschränkungen wie sie Paschal II. z. B. für Vendôme macht: das Hauptkloster ist frei, bei untergeordneten Cellen werden einige Gerichtsfälle ausgenommen. Diese unterschiedliche Behandlung findet aber ihre Erklärung in der seelsorglichen Bindung dieser Klöster.[401]

Nach oben hin scheinen für den Orden der Papst bzw. sein Legat als Richter fungiert zu haben.

So tritt in einem Streit Citeaux' um eine Weide Alexander III. mit Berufung auf eine ergangene Schrift ("contra tenorem scripti vestri ... vertebatur ...") als Richter auf:[402]

Ein ausdrücklicher Hinweis auf Freiheiten in dieser Hinsicht ist uns sonst in den an den Orden als ganzen in diesem Jahrhundert ergangenen Dokumenten nicht enthalten. Auch in diesem Punkt ist vor allem der Briefverkehr der Einzelklöster mit der Kurie heranzuziehen.

Erst im nächsten Jahrhundert haben wir eine ausdrückliche Bestätigung über die Freiheit des Ordens gegenüber dem geistlichen Gericht des Ortsordinarius (vgl. Anm. 393).

Innozenz IV. hatte die Bestimmung herausgegeben, daß auch Exemte in drei Gerichtsfällen vor dem Forum des Ortsordinarius zu erscheinen hätten: Auf Grund eines Deliktes, auf Grund eines Vertrages, der abgeschlossen werden soll und wenn eine Klage gegen sie vorläge. In dieser Hinsicht könne der Bischof seine Jurisdiktion also auch gegenüber Exemten ausüben. Auf die Anfrage und Bitte der Zisterzienseräbte hin verweist Innozenz IV. zuerst auf die dem Orden gewährten Freiheiten. Ihre Zweifel, ob durch jene Verfügung auch ihre Freiheiten beeinträchtigt würden, löst er dahingehend, daß ihnen wegen des Gesetzes in Hinkunft kein Schaden bezüglich ihrer Freiheiten und Immunitäten erwachsen solle.[403]

Aus dem Schreiben scheint hervorzugehen, daß b i s h e r eine Freiheit vom Gerichtsstand des Bischofs bestand. Sonst hätten den Äbten ja nicht Zweifel kommen können, ob a u c h s i e von jetzt an gezwungen wären, sich in den drei genannten Fällen dem bischöflichen Gericht zu unterwerfen.

Auch diese Bulle wurde mehrere Male wiederholt. (vgl. Anm. 403) Das 12. Allgemeine Konzil (1215) war gegen den Mißbrauch aufgetreten, Rechtsstreitigkeiten vor den heiligen Stuhl zu bringen, um die Sache vor ganz entfernte Richter zu bringen und den Gegner zu ermüden. Dagegen wurde das Gesetz erlassen., daß fortan niemand mehr vor einen Richter geladen werden dürfe, der mehr als zwei Tagereisen von seiner Heimatdiözese entfernt sei, es geschehe denn mit Zustimmung beider Parteien.[404]
Wenn dies auch dem Orden öfter bestätigt wird, so haben wir es also nicht mit einem Sonderrecht des Ordens zu tun.[405]

"Ein Reflex der in den Reformkämpfen machtvoll herausgearbeiteten Superiorität der Kirche" war besonders zur Zeit Alexanders die A p p e l l a t i o n".[406] Freilich hatte sie schon längst im Rechtsbewußtsein und in der Praxis Wurzel gefaßt. "Das G$_e$wohnheitsrecht überhob den Gesetzgeber einer ausdrücklichen Zulassung; man betrachtete die Appellation als eine selbstverständliche Folge des Schutzes ..."Darum findet sich wohl auch kaum etwas von ihr in den Privilegien.

In unseren Zeitabschnitt fallen zwei Bullen, die der Appellation Beachtung schenkten. Die erste betrifft das Korrektionsrecht des Vaterabtes. Nach den Bestimmungen der CC 2 konnte dieser den Abt eines Tochterklosters absetzen, falls er sich als "Verächter der hl. Regel und des Ordens erwiesen hätte." (CC 2, V, 24 f) Anscheinend haben darauf einige Äbte auf die Schutzbulle ihres Klosters pochend, an den Papst appelliert. Die Bulle von 1169 [407] verbietet ihnen, selbst oder durch Anwälte ihren Fall vor den Papst zu bringen und Appellation einzulegen. Als um die Mitte des 13. Jahrhunderts der Orden zum erstenmal einer schweren Krisis entgegenging durch die Kompetenzstreitigkeiten zwischen dem Abt von Citeaux und seinen Primaräbten, sah sich Alexander IV., offenbar wegen häufig einlaufender Appellationen von seiten einfacher Ordensangehöriger, veranlaßt, allen Ordenspersonen kraft des Gehorsams, wegen welcher Frage oder Schwierigkeit auch immer, die Appellation außerhalb des Ordens zu verbieten. Zuwiderhandelnde solle der Orden bestrafen.[408] 1296 verbietet ein päpstliches Schreiben die Appellation für bestrafte Zisterzienserregularen.

Zusammenfassend können über die Freiheiten des Zisterzienserordens im Hinblick auf die Strafgewalt des Bischofs gesagt werden, daß er zu ihm im Verhältnis des beschränkten Gehorsams stehend ("salvo ordine suo"), soweit von dessen Strafrecht befreit war, soweit die CC (in den Bullen "instituta", "constitutio" genannt) ein eigenes, innerklösterliches Ordensrecht schuf. Diese beschränkte Strafbefreiung ist ausdrücklich dem Orden zugesprochen seit der Alexanderbulle (1169), sehr wahrscheinlich aber ist der dem heutigen Rechtsverhältnis der Mönchsorden zum Bischof so ähnliche Rechtsstand schon mit der CC durch Calixt im Rahmen des ergangenen Schutzes grundgelegt.

Das war natürlich eine außergewöhnliche Erscheinung im Rechtsleben des beginnenden 12. Jahrhunderts; ihre Verwirklichung nach außen war nur möglich durch eine eindrucksvolle und überzeugende innerklösterliche Disziplin, die ein Eingreifen des Bischofs für überflüssig erscheinen ließ, die große Armut der Klöster in den ersten Jahrzehnten und die fast völlig aus der Welt geschaffene Konkurrenz mit Diözesaninteressen. Ein wichtiges Element in diesem Rahmen ist dies damals für Klöster revolutionäre Prinzip der Eigenwirtschaft, welches den Verzicht auf die damals üblichen Einkommensquellen ermöglichte, die den Klöstern immer eine Kette von Streitigkeiten mit dem Bischof und laikalen Besitzern einbrachte.

Ihren juridischen Ausdruck fand der beschränkte Gehorsam bei der Abtsbenediktion im Obödienzeid an den Bischof.

Wir sind bereits mehrfach in anderem Zusammenhang auf den Obödienzeid gestoßen. Als der heilige Robert mit seiner Schar reformeifriger Mönche in die Einöde von Citeaux zog, wechselte er die Diözese und mußte, obwohl schon benedizierter Abt, in die Hand des Bischofs von Chalôn "nach der Gewohnheit der übrigen Äbte" den Obödienzeid neu ablegen. Ebenso wurde er vor seiner Rückkehr nach Molesme auf den Entscheid des Legaten hin vom Eid, den er ihm und der Kirche von Chalôn abgelegt hatte, entbunden. (EP c.8) Im späteren Orden nahm dieses Gehorsamsversprechen eine eigenartige Stellung ein. Denn einerseits sahen die frühen Zisterzienser, besonders der heilige Bernhard in der Unterordnung unter den Papst den Willen des hl. Benedikt; (vgl. regula C 64) darüberhinaus fanden sie es überhaupt für ungeziemend für Mönche, nach Befreiung von Bischof zu streben: "Non est exemtio, sed emancipatio, non in aedificationem, sed in destructionem, non est fidelis dispensatio, sed crudelis dissipatio, non est devotio, sed ambitio." So schreibt Bernhard noch an seinen Schüler Papst Eugen III.[409]

Anderseits aber ging es den Mönchen von Citeaux unter Führung des hl. Stefan und den ersten Tochtergründungen um den alten Ernst der Regel des hl. Benedikt, ein Bemühen, "das in der Carta Caritatis seinen statutarischen Ausdruck gefunden hatte."[410]

Diese zweifache Ausrichtung fand seinen gesetzmäßigen Ausdruck im Obödienzeid.

Der Zeitpunkt seiner E n t s t e h u n g ist nicht sicher. Manrique schildert eingehend die Entstehung des Obödienzeides. Nach ihm hat der erste Abt des 1114 gegründeten zweiten Tochterklosters von Citeaux zum erstenmal den Obödienzeid mit dem Ordensvorbehalt abgelegt.

"Ich, Hugo, Abt von Pontigny, verspreche auf ewig zu leisten Unterwerfung, Ehrfurcht und Gehorsam, wie es die heiligen Väter bestimmten, n a c h d e r R e g e l d e s h l . B e n e d i k t , d i r , Herr Bischof Humbald und deinen kanonisch eingesetzten Nachfolgern, und dem Stuhl von Autun, d o c h m i t V o r b e h a l t m e i n e s O r d e n s ."[411]

Dieser Ordensvorbehalt sei dann auch bei den weiteren Gründungen und Abtweihen hinzugesetzt worden.[412]
Die Gründe, welche Manrique für seine Annahme vorbringt, sind aber leider im besten Falle imstande, seine These zu bekräftigen, nicht aber sie zu beweisen. Er greift nämlich zum Prolog der CC, der gebietet, vor jeder Gründung die Zustimmung des Diözesanbischofs einzuholen.[413] Wie wir aber schon ausführten, ist dessen Datierung heute sehr umstrit-

ten. Im weiteren führt er die Privilegierung des Ordens an, die wohl die Existenz des Ordensvorbehalts beweist, aber nicht, daß sie schon durch Hugo im Jahre 1114 geschah.

Dennoch ist seine Ansicht nicht ganz von der Hand zu weisen. Denn Pontigny war die erste Gründung in einer fremden Diözese. Und wenn wir der Carta fundationis Pontiniaci [414] Glauben schenken dürfen (sie liegt uns nämlich nur in einer ungesiegelten Abschrift aus dem Jahre 1170 vor), so veranlaßte dieser Umstand den hl. Stefan, seine anscheinend schon länger gehegte und durchdachte und sicher mit seinen Mitbrüdern besprochene Idee in die Tat umzusetzen und dem fremden, aber ihnen sehr gewogenen Ortsordinarius Humbald eine kleine Verfassung vorzulegen, die den Zweck verfolgte, die Neugründung in einer liebevollen Verbundenheit mit seinem Mutterkloster zu erhalten und in ihm die Observanz von Citeaux zu sichern.[414a] Die Vermutung liegt dann nahe, daß dieser Rechtsakt nicht nur in der obengenannten Bestätigung durch Bischof und Domkapitel, sondern auch bei der Obödienzleistung des neuen Abtes zum Ausdruck kam.

Die Eidesformel enthält noch ein zweites, den Gehorsam gegenüber dem Bischof einschränkendes Element, das den Charakter der Unterwerfung prägt: "N a c h   d e r   R e g e l   d e s   h l.   B e n e d i k t." Dieser Zusatz scheint nicht nur auf cap. 64 der Regel anzuspielen, sondern auch dem Bischof klarzumachen, welchen Gehorsam er fordern konnte und durfte. "Zunächst traten derartige Anordnungen noch vereinzelt auf. Erst Alexander III. gab in Analogie zu dem Indult der Zisterzienser (vgl. oben S. 116 nr8) allen Äbten das Recht, dem Ordenscharakter zuwiderlaufende Forderungen des Bischofs abzulehnen."[415]

Unter Alexander III. setzen die Streitigkeiten um diesen Ordensvorbehalt ein. Ziemlich sicher sind die kirchenpolitischen Wirren, in die der Orden durch die scharfe Stellungnahme für Alexander auf dem Generalkapitel im Herbst 1161

besonders hineingezogen wurde, maßgebend beteiligt. In zwei
päpstlichen Schreiben nimmt Alexander III. dazu Stellung.

In der letzten "Sacrosancta" - Bulle brachte der Papst
eine wichtige Bemerkung über den Eid des Neubenedizierten:
"nulli ... emancipatus vel quasi absolutus tradatur." (vgl.
S.118)

Vier Jahre darauf versichert er, daß es dem Zisterzienserabt freistehe, Forderungen "gegen die Freiheit des Ordens, die ihm von seinen Vorgängern und ihm selbst gewährt worden sei, abzulehnen.(vgl. S.116 nr 8,13,14,15).

Canivez [416] führt die Einführung der Formel "salvo ordine nostro" direkt als Grund dieses Obödienzeidstreites an.
Nach ihm hätten die Zisterzienser in Recht und Tatsache ihre Zugehörigkeit zum Orden mehr gewahrt als die zur Diözese.
Sie hätten die Einfügung der genannten Formel vorgeschlagen.
Die Bischöfe hätten sich empört, aber Alexanders Wohlwollen hätte die Bitten gewährt. Schreiber ist ungefähr derselben Meinung.[417]

Uns scheinen die Bullen eher auf eine frühere Einführung
der Formel hinzudeuten. Es scheint uns kaum glaubhaft, daß
dem ständig wiederkehrenden Rückverweis: " .. ordo ipse, qui
hactenus liber extitit." (vgl. S.115nr.6) libertas a präedecessoribus nostris ... indulta" (S.116 nr.14) und öfter nicht
ein komplementäres Element in der Eidesformel entspricht.

Die Luciusbulle verweist tatsächlich direkt auf eine
frühere Entstehung der Obödienzformel. Zum erstenmal wird
sie auch wörtlich wiederholt.

"Episcopi ... ea sint forma et expressione
contenti, quae a b o r i g i n e o r d i n i s
n o s c i t u r i n s t i t u t a , scilicet, ut
abbates ipsi s a l v o o r d i n e s u o profiteri debeant." (S.116 ,nr.10a)

Der Papst verpflichtet die Bischöfe weiterhin auf die bis-

her übliche Formel, die ihr Unbehagen hervorgerufen hatte.
"Der Episkopat stieß sich u. a. an dem verklausurierten und
fast inhaltslos gewordenen Obödienzeid."[418] Der Nachfolger
Lucius III., Urban III., wiederholt aufs Wort diese Bestätigung.[419]

Im 13. Jahrhundert wiederholt Honorius III.[420] noch einmal im Zusammenhang mit simonistischen Forderungen einzelner Bischöfe die Obödienzformel; dieses Dekret übernimmt dann Gregor IX. in seine Dekretalensammlung.[421] Es ist nicht unwichtig zu wissen, daß der Papst den Zisterziensern gerade noch um diese Zeit den Obödienzeid einschärft. Allerdings in der den Freiheiten des Ordens entsprechenden Formulierung. Die Formel der Einzelklöster wurde seit der Jahrhundertwende offen zum Kriterium der Nichtexemtion.

Innozenz III. stellt nämlich fest, der Exemte sei
n i c h t   zum Obödienzeid verpflichtet.[422]

Benz sah sich durch diese beiden päpstlichen Entscheidungen veranlaßt, eine Exemtion vor diesen Entscheidungen und einige Zeit nachher für unmöglich zu halten.[423] Wie uns aber die Bullen Alexanders III. und Lucius' III. lehren, kann man den Obödienzeid der Zisterzienser und den anderer Einzelklöster, die sich nicht auf eine Ordensverfassung stützen konnten, nicht einfachhin gleichsetzen. Seine Vereinbarkeit mit eventueller Exemtion wird uns noch beschäftigen.

d) Privilegien der Jurisdiktion für den Orden.

Da wir uns mit der innerklösterlichen Privilegierung des Gesamtordens befassen, bleiben die seelsorglichen Sonderaufträge an Ordensangehörige außerhalb unserer Betrachtung.[424] Für unseren Zeitraum gilt im allgemeinen, daß der Orden an seinem Prinzip, keine Außenseelsorge anzunehmen, im wesentlichen festhielt.[425] Auf Ausnahmen - soweit man sie als solche bezeichnen kann - werden wir noch zurückkommen.

Nach Hofmeister waren der Abt oder der Konventualprior Träger der ordentlichen Beichtjurisdiktion pro foro interno, die sie auch auf Mönchspriester übertragen konnten. Dies galt für alle Klöster, in welchem Maße sie auch immer vom Bischof abhängig oder frei sein mochten.

Diese Jurisdiktion galt aber nur für die Klosterfamilie. Zu dieser zählten neben den eigentlichen Mönchen und Laienbrüdern auch alle, die irgendwie zum Klosterbereich gehörten, also auch das Dienstpersonal. Daß dem Orden kraft päpstlichen Privilegs auch Gästen gegenüber Beichtjurisdiktion und die Erlaubnis, ihnen die Sakramente zu spenden, zuteil geworden wäre, ist erst im Jahre 1290 greifbar, und da mit Wahrung der Pfarrechte "sine praejudicio alieni".[426]

Außerhalb des Klosterringes war den Äbten und Mönchen durch Calixt II. jede Seelsorge untersagt.[427]

Der Orden war getreu seinem Grundsatz darauf bedacht, daß die Äbte ihren Jurisdiktionsbereich nicht überschritten. Dies zeigen Rügen und Strafen, die das Generalkapitel manchmal erteilte.[428] Dieser Haltung gemäß erstreckte sich auch die Privilegierung nur auf die Klosterfamilie.

Die erste Vergünstigung erhielten die in den Orden Eintretenden. Schon Alexander III. erteilte den Zisterziensern das Privileg, daß jeder der Priestermönche Eintretende, die sich durch Brandstiftung, eine Realinjurie gegenüber Klerikern oder Religiosen oder wegen Gemeinschaft mit Exkommunizierten eine Exkommunikation zugezogen hatten, absolvieren könne. Diese Vollmacht galt auch für das Bekenntnis nach dem entgültigen Eintritt.[429]

Honorius III. erinnert in einer Bulle, die vier Primaräbte hätten bereits die Dispensgewalt über Irregularitäten. Das Generalkapitel scheint nun den Vorschlag gemacht zu haben, diese Gewalt auf das Generalkapitel zu übertragen. Der Papst entspricht dieser Bitte, widerruft die den Primaräbten gegebene Gewalt, übergibt sie dem Generalkapitel mit der Mahnung, sie zu gebrauchen, "soweit es der Ehre Gottes und der der Kirche von Nutzen sei." Er mahnt aber auch, jene Fälle auszunehmen, "die sich aus einem solchen Grunde eine Irregularität zugezogen hätten, daß deren Dispens mit Recht dem apostolischen Stuhle reserviert sei."[430]

Die klösterliche Stille scheint in der ersten Hälfte des 12. Jahrhunderts öfter durch handgreifliche Auseinandersetzungen, vor allem unter Laienbrüdern, gelitten zu haben. Gregor IX. sieht sich jedenfalls genötigt, den Äbten die Erlaubnis zu erteilen, ihre Jurisdiktion über die Exkommunikation wegen Brachialgewalt gegenüber Mitbrüdern während ihrer Abwesenheit den Prioren ihrer Klöster zu delegieren.[431] Innozenz IV. erweiterte die Jurisdiktion und Dispensgewalt der Äbte, Vorgesetzten und Prioren "super omnes negligentias temporum et casus." Ausgenommen sollten nur sein: Mord, nachgewiesener Meineid, Sakrileg, überlegtes Blutvergießen. Als Begründung führt der Papst an, die Betreffenden sollten keine Gelegenheit erhalten, außerhalb des Klosters herumzustrolchen unter dem Vorwande, sie müßten einen Beichtvater suchen.[432]

Alexander IV. erneuerte öfter das Privileg Alexanders III. bezüglich der Jurisdiktion über Eintretende (vgl.Anm. 429). Er bekräftigt auch die weitgehenden Absolutionsvollmachten über Irregularitäten und unter Exkommunikation stehende Delikte, [433] die Innozenz IV. gewährt hatte. Dazu dürfen die Äbte auf Grund eines neuen Beichtindults Konventpriestern die delegierte Absolutionsvollmacht über die genannten Fälle übertragen.[434] Außerdem konnten die Äbte einander absolvieren.Die Tendenz der päpstlichen Beichtprivilegierung ist offenkundig: Es sollen alle Vorwände für ein Verlassen des Klosters und damit eine Lockerung der stren-

gen Klausur und Observanz aus der Welt geschafft werden.
Dieser Tendenz gemäß hatten schon Innozenz (IV. ?) und bestätigend Alexander IV. einige Monate vor dem letztgenannten Indult allen Ordensangehörigen verboten, ohne Erlaubnis des Abtes bei Priestern anderer Orden oder bei Weltpriestern zu beichten oder soweit sie Priester waren, deren Beichte entgegenzunehmen.[435] Daraus geht klar hervor:
1. Der Orden verzichtete auf jede Beichtseelsorge.
2. Der Abt hatte exklussive Jurisdiktion über seine Untergebenen, wenn auch nicht gesagt wird, die unerlaubten Beichten bei Beichtvätern außerhalb des Konvents seien ungültig.

Hat Alexander IV. plötzlich das bisherige Privilegierungsprinzip (Sicherung der Observanz) aufgegeben und den Orden (ohne daß ein Antrag von seiten des Generalkapitels vorlag!) in die Seelsorge eingeschaltet?

Frech weiß nämlich von einem Privileg Alexanders IV., "das die Äbte ermächtigt, von den Strafen der Suspension, des Interdikts und der Exkommunikation zu absolvieren:

1) a l l e   G l ä u b i g e n , d i e   z u   i h -
n e n   k o m m e n , und
2) i h r e   Untergebenen."[436]

Auch Koendig weiß von Jurisdiktion gegenüber allen Weltleuten, die in eine Zisterzienserkirche kommen. Allerdings führt er sie auf Privilegienkommunikation mit den Franziskanern (Alexander IV. "Cum olim") und Dominikanern (Clemens IV. "Quidam temere") zurück.[437]

Dieses Privileg würde in der Tat mit dem alten Prinzip des Ordens, sich jeder ordentlichen Seelsorge zu enthalten, brechen. Frech glaubt dazu auch vermerken zu müssen, daß das Privileg, "obwohl bekannt, dennoch nicht benützt" worden sei, eben um sich nach der durch das Generalkapitel streng überwachten Tradition zu halten.[438]

Dieses Privileg würde überdies merkwürdig anmuten, denn im gleichen Jahr 1255 erließ Alexander IV. ein Schreiben, in dem er den schon von Innozenz IV. bestätigten Generalkapitelbeschluß bekräftigt, daß es keinem Ordensangehörigen erlaubt sei, bei andern Ordens- oder Weltpriestern zu beichten, s o w i e   s i e   a u c h   d e r e n   B e i c h t e n i c h t   h ö r e n   d ü r f t e n .(vgl. oben u.Anm.435)

Tatsächlich scheint hier ein fatales Mißverständnis vorzuliegen. Frech hat das "venientes ad ordinem", bzw. (bei Burghoff) "qui ad ordenem accedunt", total mißverstanden und nicht auf Eintretende sondern auf Besucher von Zisterzienserkirchen bezogen. Abgesehen davon, daß der Ausdruck schon bei Alexander III.[439] Eintretende meint und in der Folge so verstanden wird, ist in diesem Falle das Privileg selbst sogar genauer: "sive priusquam ordinem intraverint sive postea in casibus excesserint memoratis ..."[440] Damit ist auch diese Bulle Wiederholungsbulle der Bulle von Alexander III.
Der libellus antiquarum definitionum führt zudem selbst das Verbot, Weltleute Beichte zu hören, im nächsten Absatz an.[441] Ein Vergleich der Wiedergabe im Nomasticon und dem Privileg selber ergibt auch, daß im Nomasticon unser oben (vgl. Anm. 433) schon zitiertes Privileg gemeint ist.

So bleibt die Bulle Alexanders IV. von 1254 jene, die in unserem Zeitraum die jurisdiktionelle Privilegierung noch einmal zusammenfaßt: Die Äbte dürfen ihre Mitäbte und die Angehörigen ihres eigenen Konventes, die Mönchspriester ihre Mitbrüder von **Exkommunikation**, Suspension lossprechen, "wenn nicht ein solcher Exzess vorliegt, daß er mit Recht dem Hl. Stuhl vorbehalten bleibt;" dazu dürfen sie von Irregularitäten dispensieren, die sich Ordensangehörige zugezogen haben.

Das Generalkapitel mahnt, diese Vergünstigung "cum discretione et maturo consilio" zu gebrauchen. Und weil es schwierig zu entscheiden sei, wann man rekurrieren müsse, sollten die Äbte absolvierte Zweifelsfälle dem Generalkapitel anzeigen, um Irrtümer bereinigen zu können.[442]

Die immer wieder ergangenen Verbote der Generalkapitel des 13. Jahrhunderts, Weltseelsorge zu betreiben, zeigen, daß manche Klöster besonders durch die Annahme von Pfarrkirchen, das alte Prinzip des Ordens durchbrachen.[443] Woher allerdings der Verfasser des Artikels über die Zisterzienser im Kirchenlexikon weiß, daß "schon Stephan eine wirksame Seelsorge eingeleitet habe," daß "sie sich weiter schon früh der Jugenderziehung gewidmet und auf ihren Meiereien überall neben Kirchen auch Schulen angelegt hätten", ist uns unbekannt.[444]

Die Kurie gebrauchte den Begriff "familia monasterii" nicht immer im selben Sinne. Bald für den weiteren Kreis der klösterlichen Hintersassen, bald im engeren Sinn für all jene, die von der mensa der Brüder lebten.[445]

Die Klosterfamilie im engeren Sinne nahm teil an den Freiheiten des Ordens; nur sie war in der Regel vom Pfarrecht eximiert. Die Nachbarn und Lohnarbeiter waren an sich dem Pfarrzwang nicht enthoben. Als sie aber unter Alexander III. in einigen Klöstern, besonders in Morimund, exkommuniziert wurden, weil sie an solchen Tagen bei den Zisterziensermönchen und Laienbrüdern arbeiteten, an welchen die übrige Diözese feierte, schritt der Papst ein.

Er verbot sie deshalb zu exkommunizieren oder zu interdizieren und gewährte zugleich den Zisterziensern die Jurisdiktion, sie davon zu absolvieren; und wenn es notwendig sei,

sie auch kirchlich zu begraben.[446] Kurz darauf untersagt er
es "gewissen Leuten", Lohnarbeiter der Zisterzienserklöster
wegen der Einhaltung der Privilegien zu zensurieren.[447]

Unter Urban III. wird das Privileg für die Lohnarbeiter
und Nachbarn erneuert. Diesmal, weil sie auf Grund der Zisterzienser Zehntbefreiung den Zehnten nicht abgeliefert
hatten.[448]

Aus einem Schreiben Innozenz IV. ist zu spüren, daß die
Klöster mit ihren Grangien und Wirtschaften gewaltige Wirtschaftskomplexe darstellten, die nicht nur den Eigenbedarf
erzeugten, sondern darüberhinaus auch Märkte belieferten.
Hunderte von Konversen und Klosterangestellten arbeiteten
oft auf den Grangien.[449] Diözesane Stellen sahen sich öfter
in ihren Interessen geschädigt und verhängten Zensuren. Der
Papst zählt eine ganze Reihe verschiedener Berufe auf, die
er offenbar dem Bittschreiben des Generalkapitels entnimmt:
einfache Lohnarbeiter und Familiaren, Müller, Bäcker und
Lieferanten. Gegen sie richtete sich der Bannstrahl des Bischofs oder des Archidiakons, da er sich gegen die engere
Klosterfamilie nicht mehr richten durfte. Der Papst erklärt
diese Zensuren für ungültig; denn "indem sie nicht zulassen,
daß ihr mit anderen zusammenarbeitet, scheint ihr gerichtet
zu werden durch das Urteil der Richter."[450] Unter dem Pontifikat Gregors IX. erhielten einzelne Klöster die Erlaubnis,
ihren Angestellten die Sakramente zu spenden, aber ohne Beeinträchtigung des Rechtes anderer.[451]

Nach einer Bulle hätte Alexander III. sie praktisch völlig vom Pfarrzwang und damit von der Jurisdiktion des Ortsordinarius eximiert, indem er ihnen erlaubt, in Zisterzienserkirchen- und Kapellen den Sonntagsgottesdienst mitzufeiern, die Sakramente zu empfangen und indem er den Äbten die
geistliche Gerichtsbarkeit über ihre Vergehen zuweist.

e) Die von einigen Autoren auf 1161 datierte Exemtionsbulle für die Pächter und Lehensleute.

Einige ältere Autoren bringen in ihren Werken eine Bulle, in der die "firmarii, tenentes seu servientes" von der Jurisdiktion des Bischofs eximiert werden. Dazu wird dem Abt die Gerichtsbarkeit über ihre Vergehen ausdrücklich erteilt. Die Schwierigkeiten bzw. Einmaligkeit des Privilegs besteht nun darin, daß es diese Autoren bereits auf den 13. November 1161 datieren, also noch unter das Pontifikat Alexanders III.

Es handelt sich um folgende Autoren:
Koendig (in seinem Elenchus 1729, ²1744 auszugsweise)[452]
Manrique 1642 [453]
Tamburini Ascanius 1640, ³1650 [454]
Miraeus Aubertus 1614 [455]
Choppin René 1555, ³1621 [456]

Koendig zitiert Tamburini, Tamburini Choppin als Gewährsmann. Manrique beruft sich auf Miraeus, welcher in der Einleitung (S. 6f) Choppin als Quelle angibt. Obwohl die Bulle ein geistliches Privileg vermittelt, bringt Miraeus sie genau wie Choppin im Rahmen der Privilegierung des Ordens durch die Fürsten.

In der Datierung weicht Manrique ab und bringt sie in seinen Annalen unter dem Datum des 13. November 1162, so wie sein Gewährsmann Miraeus sie (unklar!) auf 1162 datiert.

Alle Fäden scheinen bei Choppin zusammenzulaufen. Er gibt leider nicht an, wo er die päpstliche Urkunde gefunden hat. Er umreißt lediglich in einem Vorwort zur Bulle deren Inhalt und schreibt sie Alexander III. zu. Aus der Bulle selbst ist lediglich ein Papst "Alexander" und das Pontifikatsjahr, nämlich das dritte, zu entnehmen.

Ziemlich sicher hat der französische Advokat die Bulle fälschlich einem andern Papst zugeschrieben. Benz [457] tippte

auf Alexander IV. Dieser erließ nämlich in seinem dritten
Pontifikatsjahr eine Bulle mit dem gleichen Datum (13. November) und fast den gleichen Anfangsworten: "Ex parte
siquidem vestra" (bei Choppin: "Ex parte vestra").[458]

Daß Choppin auch sonst in der Datierung der von ihm angeführten Dokumente nicht immer verläßlich ist, ist daraus
ersichtlich, daß er zum Beispiel die erste Bestätigungsbulle
für die Carta Caritatis von Calixt II. auf den 10. Jänner
statt auf den 1. Juni 1119 datiert. In seinem zweiten Werk
"Monasticon seu de jure coenobitarum libri duo," (Paris 1601
²1635) scheint er seine falsch datierte Alexanderbulle vergessen zu haben. Er übergeht darin nämlich diese Bulle und
nennt die uns schon bekannte Bulle Lucius III. als Exemtionsbulle.[459]

Den besten und unverdorbendsten Text bringen zwei Handschriften von Stams bei.[460] Der eine Text ist eine 1405
hergestellte, notariell beglaubigte Abschrift einer vermutlich entliehenen Bulle (von Citeaux ?) aus dem Jahre 1355.
Der andere ist ebenfalls eine Abschrift, die sogar im Jahre
1398 in Rom bestätigt wurde. In der Bulle selbst ist ebenfalls kein Anhaltspunkt, wann das Original ausgestellt worden sein könnte. Aber bei beiden ist einem ausführlichen
Einleitungs- und Schlußabsatz zu entnehmen, daß man - unabhängig voneinander - die Originalbulle auf den 13. November
1257 datiert. (vgl. Anhang 2 und 3)

Die Bulle gewährt der Klosterfamilie im weitesten Sinne
die Exemtion. Schreiber hat daraus mit R$_e$cht im Vertrauen
auf die Richtigkeit der bisherigen Datierung auf 1161 vermutet, daß eine Exemtionsbulle für die Klosterfamilie im
engeren Sinne voranging. Sie müßte zwischen 1159 und 1161
ausgestellt worden sein.[461]

Die historisch, wenn auch nicht privilegiengeschichtlich
äußerst günstigen Umstände haben auch den für seine Zeit relativ kritischen und genauen Manrique dazu verführt, die

Bulle zu verteidigen. Nachdem im Jahre 1161 sich das Generalkapitel klar für Alexander ausgesprochen hatte,[462] treten die Mönche Frankreichs durchwegs als sehr entschiedene und einflußreiche Anhänger Alexanders auf. Besonders zeichnete sich dabei der Erzbischof Petrus von Tarantaise, nach Bernhard der größte Mann des Zisterzienserordens, aus. In Südfrankreich bis tief hinein nach Oberitalien predigte er mit glühendem Eifer gegen das Schisma des Oktavian. Als der Papst Anfang 1162 Italien fluchtartig verlassen mußte, der französische König Ludwig VII. aber aus politischen Bedenken keine Erlaubnis für einen längeren Aufenthalt in Frankreich erteilen wollte, übernahm der Zisterzienserbischof von Reims, Heinrich, ein Bruder des französischen Königs, die Verhandlungen. Die größte Gefahr drohte aber Alexander III., als sich der König zu einer Zusammenkunft mit Kaiser Friedrich I. auf der Saônebrücke bei St. Jean de Losne am 29. August 1162 bewegen ließ. "Daß diese für Alexander so bedenkliche Fürstenzusammenkunft in letzter Stunde scheiterte, daran ist der einstimmige Protest des französischen Klerus schuld und vor allem die Tätigkeit der Zisterzienser, deren Mutterkloster ja ganz in der Nähe von Dijon lag, und die ihm sein Gewissen zu schärfen wußten." Die Chronik des Sigebert fügt hinzu: "Deshalb wurde in jenem Jahre das Generalkapitel um jene Zeit nicht in Citeaux, sondern erst später, um das Martinusfest (11.November !) auf dem Meierhof von Foigny abgehalten." Man mied offensichtlich die Nähe des begreiflicherweise erzürnten Kaisers, der mit den auf seiner Seite stehenden Bischöfen auf den Orden nicht gut zu sprechen war.[463] In dieser Situation wäre es sehr verständlich, wenn der Papst den um ihn hochverdienten Orden durch eine Exemtionsbulle vor Repressalien geschützt hätte. Es war ihm, da er in unmittelbarer Nähe weilte, möglich, dem um diese Zeit tagenden Generalkapitel die Bulle zuzustellen.

Freilich muß selbst Manrique bemerken: "... inusitata concessio, quam una aut alia ecclesia forsan antea; sed nulla umquam Religio adepta fuisset. Et potuisset nocere magnitudine, si non gravaminum ingruentium moli, aequale, velut remedium exigeretur."[464]

Auch Manrique sucht schon nach dem eigentlichen Exemtionsprivileg, das diesem Exemtionsprivileg für die Hintersassen vorangegangen sein müßte, findet aber keines: "Fateor tamen non me hactenus vicisse privilegium, quo iidem religiosi eximerentur." (ebda) Die Behauptung des Aubertus Miraeus, die Bulle selbst enthalte die Exemtion des Ordens, weist er mit Recht zurück mit der Bemerkung, das Privileg verweise darauf, daß es schon vorher den Ortsordinarien verboten worden sei, die Zisterzienser zu zensurieren.

Das Privileg paßt also glänzend in die geschichtliche Situation, fällt aber völlig aus dem Rahmen der gesamten Rechtsentwicklung.

Als einzige Zeitangabe enthält das Dokument nach dem Muster vieler anderer Bullen nur die Angabe des Pontifikatsjahrs: ... pontificatus nostri anno tertio.

Nach der an der päpstlichen Kanzlei üblichen Datierungspraxis wäre mit dem dritten Pontifikatsjahr Alexanders III. der Zeitraum vom 7. September 1161 bis zum 7. September 1162 gemeint. Damit scheidet die Datierung von Manrique aus, denn sie liegt bereits im vierten Pontifikatsjahr Alexanders III. Historisch ist es aber immer noch möglich, die Bulle einzuordnen. Einen terminus post quem bildet das Generalkapitel im September, auf dem sich die Äbte für Alexander erklären. Vor diesem Generalkapitel ist die Bulle zeitlich unmöglich, wohl aber kann die Antwort des Papstes auf diese Erklärung unserer Bulle gewesen sein.

Ein schwerer wiegendes Bedenken gegen die Annahme, Alexander III. hätte schon die Bulle ausgestellt, hat der Altmeister der Zisterzienser Ordensgeschichte, P. Gregor Müller vorgebracht. "Unser Ordensbruder in Salem und auch Dr.

Schreiber hätten stutzig werden sollen, da sie in der Bulle von P ä c h t e r n und L e h e n s l e u t e n reden hörten, die in unserem Zeitabschnitt (vereinzelt vielleicht an dessen Ausgang) im Orden nicht vorkommen."[465] Müller meint die Zeit von Bernhards Tod (1153) bis zum Tode Alexanders III. (1181).

Zwei scharfe Mahnbriefe Alexanders III. zeigen, daß Müller nicht unbedingt recht hat. Sie beweisen indirekt die Existenz von Pächtern in einigen Klöstern, wahrscheinlich in England.

Eines erging an die Äbte der englischen Klöster und verbietet ihnen, unter irgendeinem Vorwande "gegen die alte Gewohnheit und instituta des Ordens, Kirchen oder ein Patronat über solche zu übernehmen."[466] Ein zweites erläßt der Papst an den ganzen Orden und tadelt Klöster, "die in vollständiger Unwissenheit oder im Vergessen ihrer alten instituta, Höfe, Mühlen, Kirchen und Altäre besäßen, Bürgschaften übernähmen und ... T r i b u t e i n t r e i b e r hielten." Der Papst droht ihnen, sie nach dem Rechte anderer Klosterkonvente zu behandeln, weil sie unter Mißachtung der ursprünglichen Strenge der Gewohnheit anderer Klöster gefolgt wären.[467]

Das Dekret ist aber nicht auf das Jahr genau datierbar, und außerdem sicher erst nach unserer Bulle erlassen worden. Aber gerade deshalb ist unsere Bulle mit diesem Mahnschreiben nahezu unvereinbar. Einerseits beweist diese Rüge die Existenz von "tributarii" und damit auch von Pächtern und Lehensleuten, die den Tribut erlegten. Anderseits aber ist nicht anzunehmen, der Papst habe etwas scharf getadelt und für etwas Abhilfe gefordert, was er früher privilegiert hatte.

Ziemlich sicheren Aufschluß über die Datierung, ja sogar über die Entstehung unserer umstrittenen Bulle erhalten wir durch einen Blick in die päpstlichen Kanzleiordnungen.[468]

Sie enthält neben anderem auch eine Formelsammlung, die dem
Text vieler Privilegienbullen zugrundeliegt. Nach Tangl war
der Grundstock dieser Sammlung 1228 bereits da und wahrscheinlich kurz zuvor entstanden. In den späteren Jahren
Gregors IX. wurden vereinzelte Nachträge vorgenommen. Unter
Innozenz IV. kam es 1244 zu einer umfassenden Revision und
Ergänzung der Sammlung; einige Formeln wurden entsprechend
umgeändert, ganze Gruppen neu hinzugefügt, darunter ein Teil
der Zisterzienserprivilegien. Damit war die Sammlung abgeschlossen. Nun kamen Nachträge in doppelter Form hinzu. Solche, die die ursprüngliche Sammlung fortsetzten und solche,
die als Einschiebsel und Zusätze die bereits bestehenden
Formeln ergänzten oder dem jeweiligen Fall anpaßten. Und zu
diesen letzteren gehört unsere Bulle. Ihre Urform kam 1244
als Formel XV in die Sammlung [469] und wurde dem Orden
erstmals am 28. April 1245 [470] ("Cum a nobis") ausgestellt.
Es folgen noch unter dem Pontifikat Innozenz IV. einige unveränderte Wiederholungen, die letzte 1254. Unter Alexander
IV. werden am Formular einige wichtige Änderungen vorgenommen.Der Einleitungssatz wird weggelassen und damit bekommt
die Bulle den Anfang "Ex parte (siquidem) vestra". Urban IV.
legt aber dann wieder praktisch unverändert die Formel Innozenz IV. zugrunde. Er fügt nur einen Hinweis auf Innozenz IV.
hinzu. (vgl. Anm.470)

Eine andere Änderung betrifft den Personenkreis, der
straffrei erklärt wird. Waren es bisher "familiares, servientes et benefactores ac illos, qui molunt in molendinis
vel coquunt in furnis vestris, quique vendendo seu emendo
vel alias vobis communicant", so wird in der Bulle das Personenverzeichnis geändert und lautet: "tenentes, seu firmarii
ad annuum redditum terrarum vestrarum extraneis et eas
proprio nomine excolentes vel alias vobis communicantes ..."
Der Passus " ...et alias vobis communicantes" konnte allerdings schon früher auch für Pächter und Lehensleute verstanden werden. Übrigens ist nur die Bezeichnung "tenentes" in-

haltlich neu. Du Cange bringt folgende Begriffsbestimmung: "Tenere dicitur qui praedium a domino feudali dependens, et in eius feudo vel dominio possidet; quae vox hac notione passim occurrit." Die andern beiden Ausdrücke lassen sich aber durchaus [471] als Bezeichnung für das unmittelbare klösterliche Dienstpersonal verstehen.[472]

In einem längeren Zusatz wird endlich dem ursprünglichen Formular ein wichtiges neues Element hinzugefügt: Die bisherige bloße Straffreiheit der Klosterangestellten und Hintersassen (" ... firmarii, tenentes seu servientes vestri, in terris vestris situati ...") wird zur vollen Exemtion vom Pfarrverband erhoben. Die Äbte und ihre Kapitel erhalten richterliche Gewalt über sie. Sie dürfen in Zisterzienserkapellen die Messe hören und die Sakramente empfangen"... tam intra quam extra monasteriorum vestrorum situationem.." Aufgrund dieser beiden Änderungen, d.h. durch die Ausweitung des Personenkreises und die vollständige Exemtion dieses Personenkreises steht das Privileg nicht nur unter dem Pontifikat Alexanders III., sondern auch unter Alexander IV. wie im ganzen übrigen Zeitraum, den wir behandeln, allein auf weiter Flur. Dabei sind noch folgende Umstände auffallend:

1. Die Bulle geht wohl aus dem Formular Nr. 15 der päpstlichen Kanzlei [473] hervor, und Tangl weiß auch von Änderungen dieser Formel; aber die Änderungen der Wiederholungsbulle unter Urban IV. sind geringfügig und wollen das ausgestellte Dokument nur als "privilegium ad instar" kennzeichnen.[474] Wenn wir also mit Benz die Bulle auf den 13. November 1257 datieren, [475] stehen wir vor der Tatsache, daß diese Bulle mit ihren schwerwiegenden Änderungen in den älteren Bullarien nicht aufscheint, und merkwürdigerweise unter Urban IV die alte Formel wieder aufgenommen [476] und verwendet wird.

2. Das Grundformular dieser Bulle wurde unter Innozenz IV. zum letzten Mal im Todesjahr Innozenz' IV., also drei Jahre vor der von Benz vorgeschlagenen Datierung, ausgestellt.[477] Bis dorthin vertrat die Kurie im Einvernehmen mit dem Generalkapitel die Auffassung, daß das klösterliche Dienstpersonal dem Pfarrzwang nicht entbunden sein solle, bezüglich des Sakramentenempfangs also die Pfarrkirche aufzusuchen habe, ausgenommen dann, wenn sie schwerlich Gelegenheit dazu hätten.[478] Innerhalb von drei Jahren ist also diese Auffassung radikal geändert worden. Dies ist auf den Einfluß des neuen Mendikantenordens zurückzuführen. Alexander IV. war es ja, der die Franziskaner für exemt erklärte. Auch die Ritterorden beanspruchten weitgehende Exemtionsrechte für ihre Oblaten, Dienstleute und Zinspflichtigen.[479]

Im Zuge dieser Strömung haben die Zisterzienser offenbar auch für ihre Dienstleute und Zinspflichtigen die Befreiung vom Pfarrzwang und die Unterstellung unter die Jurisdiktion des Abtes, dessen Kloster sie zugehörten, erbeten und erhalten. Damit tritt der Orden zum erstenmal in größerem Ausmaße in Konkurrenz mit der Pfarrseelsorge.

Rätselhaft ist, warum dieses wichtige Privileg nicht in die älteren und größeren Bullarien aufgenommen, sondern in Einzelabschriften weitergegeben wurde. Auch in der Hs 20 des Stiftes Stams, die eine Reihe der wichtigsten Privilegien enthält, fehlt die Bulle.

Zusammenfassend kann über diese Bulle gesagt werden, daß die Frühdatierung falsch ist, der 13. November 1257 aber als Ausstellungsdatum ziemlich gesichert erscheint. Die Bulle gewährt allen, die mit den Zisterziensern Gemeinschaft haben, Exemtion von der Straf- und Gerichtsgewalt des Bischofs und unterstellt sie dem jeweiligen Abt.

4. Allgemeine Bestätigungen der
Freiheiten des Ordens.

Die Kurie hat dem Orden nicht nur Einzelprivilegien erteilt, sondern seit Urban III. (1185-87) diese Privilegien auch mitunter in Sammelbullen zusammengefaßt und in ihrer Gesamtheit bestätigt.

Ein erstes derartiges "mare magnum" stellte Urban III.[480] dem Orden aus. Es bestätigt die bisher verliehenen Indulte und gewährt als neues die freie Bischofswahl für dem Bischof vorbehaltene Weihen und Konsekrationen, freilich mit der Einschränkung, "so oft sie keine Gelegenheit hätten, sie vom eigenen Bischof zu erhalten."

Einen anderen Weg der allgemeinen Privilegienbestätigung schlug Innozenz III. und sein Nachfolger Honorius III. ein.[481] Sie fordern alle Erzbischöfe, Bischöfe, Archidiakone und Prälaten der Diözesen auf, alle den Zisterziensern gewährten Privilegien ohne Abstriche zu wahren und zu veranlassen, daß sie auch von anderen eingehalten würden. Sinibald Fieschi, Kanzleichef Honorius III. und Gregor IX. und später Papst (Innozenz IV.) hat dieses Privileg in die päpstliche Formelsammlung aufgenommen (um 1228).[482]

Unter dem Pontifikate Innozenz IV. werden in auffallend vielen allgemeinen Bestätigungsurkunden dem Orden seine Freiheiten wiederum bekräftigt.[483] Daneben hatte Innozenz IV. jedoch die Exemten in drei Fällen der Gerichtsbarkeit des Ortsordinarius unterstellt: im Falle eines Deliktes, bei Vertragsklagen oder wenn gegen sie etwas vorläge (vgl. Anm. 403). Auf eine diesbezügliche Anfrage hin erklärte der Nachfolger Alexander IV., daß das Gesetz seines Vorgängers die Freiheiten und Immunitäten des Ordens in Hinkunft nicht beeinträchtigen solle.[484] In einer anderen Bulle bekräftigt er noch einmal, daß die dem Orden vom Hl. Stuhl gewährten Privilegien, Indulte und Gnaden ungeachtet anderer Bestimmungen, Definitionen auf Antrag der französischen Kirche ihre Gültigkeit hätten.[485]

Auch unter Urban IV. erfolgen noch weitere Urkunden, die allgemein die Freiheiten des Ordens bestätigen.[486]

Eine andere Art der allgemeinen Bestätigung und Sicherung verliehener Indulte entstand in der Zeit, in der das Zehntprivileg des Ordens am meisten bekämpft wurde. Einige Prälaten und Zehntrechtbesitzer suchten nämlich die Zehntfreiheit des Ordens zu umgehen, indem sie sich ein Privileg auf das Bezehntungsrecht gegenüber Klöstern ausstellen ließen, ohne aber dabei anzugeben, daß es sich um Zisterzienserklöster handelte. Auf die Beschwerde seitens des Generalkapitels sicherte der Papst das Zehntindult des Ordens, indem er den Orden davon entband, Dokumenten des Hl. Stuhles zu entsprechen, in denen die Zisterzienser nicht erwähnt seien.[487]

Unter Gregor IX. wurde dieses Erwähnungsprivileg auf alle Indulte ausgedehnt und so fand es Aufnahme in den "Liber cancellariae apostolicae."[488] Von da aus wurde dem Orden in vielen Wiederholungen auch diese Freiheit unter den Nachfolgern Gregor IX. oftmals bestätigt.[489]

Nicht selten wurden auf Provinzialkonzilien Beschlüsse gefaßt, die gegen die Freiheiten des Ordens waren. Schon Urban III. erklärte diese als von vornherein ungültig. Umsomehr mußte natürlich eine Zensur ungültig sein.[490]

5. R ü c k b l i c k .

Die rechtliche Entwicklung der Reform von Citeaux weist zwei hervorstechende Züge auf.
1. Es besteht ein unverkennbarer Zusammenhang mit den Reformbestrebungen der gregorianischen Reformpartei. Die Collectiones ihrer Kanonisten sind nachweislich Quellen, aus denen die Gründer von Citeaux schöpfen.

Besonders werden die Sammelwerke des Ivo von Chartres verwendet. Citeaux ist der Paradefall einer gregorianischen Klosterreform.

2. Die Privilegierung von Citeaux nimmt einen anderen Verlauf als die anderer Einzelklöster und Klosterverbände. Entfernte Ursache dieser andersgearteten Entwicklung ist die unter eins angeführte starke Verankerung der Reform von Citeaux im Rechtsdenken der gregorianischen Reformpartei.

In der Geschichte der Privilegierung von Citeaux sind zwei Phasen zu unterscheiden, die nicht miteinander vermengt werden dürfen:

1. Citeaux als Reformkloster
2. Citeaux als "mater totius ordinis" und Vorbild aller mittelbaren und unmittelbaren Tochterabteien.

Das ganze Bemühen des Neuklosters richtet sich auf die "puritas regulae". Die erste Schutzbulle an Citeaux betont diesem Anliegen, das der Papst lobend hervorhebt, entsprechend, mehr die Unantastbarkeit und Unveränderlichkeit der strengen Lebensform als die materiell-rechtliche Sicherung des Klosters, die natürlich miteingeschlossen ist.

Die Gründer handeln ganz im Geiste der alten Konzilien und der Rechtssammlungen des 11. Jahrhunderts. Die Grundlage des Religiosenrechts bilden die Bestimmungen des Konzils von Chalcedon und besonders die der Synode von Rom (im Jahre 601). Spätere Synoden ergänzen deren Canones. So ist das Kloster zum Gehorsam gegenüber dem Bischof verpflichtet;[491] anderseits soll es von ihm nicht bedrängt werden;[492] er solle vielmehr für die Ruhe und Beschaulichkeit des Klosters Sorge tragen.[493] Die Mönche sollten nicht die Märkte und den Trubel von Volksversammlungen aufsuchen,[494] sie wären nicht berufen zum Predigen,[495] sondern zur Buße. Sie sollten nicht begierig nach kirchlichen Ämtern streben, aber sie auch nicht vom Müßiggang verlockt zurückweisen.[496] Mönche

sollten immer arbeiten.[497] Alle diese Bestimmungen scheinen
den Gründern von Citeaux nicht unbekannt gewesen zu sein.
Besonders den letzten Punkt nahmen sie sehr ernst.

Mit der Kodifizierung dieser neuen, strengeren Observanz
und der Organisation des Filiationssystems zu deren Überwachung schlug die Geburtsstunde des Ordens von Citeaux.
Stephan nannte das Dokument "Carta Caritatis". Unmittelbaren
Anlaß zu ihrer Einstellung gab vielleicht die erste Tochter-
gründung Citeaux in einer anderen Diözese. Zumindest finden wir ihre Bestätigung durch einen Diözesanbischof und
seine Kanoniker in der Gründungsurkunde von Pontigny zum
erstenmal erwähnt.[498] In der Folge wurde sie offenbar an-
standslos auch von anderen Bischöfen und schließlich vom
Papst bestätigt.

In der Verteilung der Aufsichtsrechte geht nun die CC
gegenüber den Reformrechtssammlungen andere Wege. Bewußt
arbeitet ihr Verfasser darauf hin, daß diese Rechte möglichst
von Organen des Ordens ausgeübt werden. Freilich kann zunächst das Aufsichtsrecht des Bischofs nicht einfachhin ausgeschaltet werden. Die Canones sprechen dem Bischof das Visitationsrecht [499] und das Besserungs- und Absetzungsrecht
zu.[500] Letzteres aber nur zusammen mit den benachbarten Bischöfen. Hier geht nun Stefan weiter. Er läßt vier Mahnungen
des Abtes von Citeaux vorausgehen, und, falls der Bischof
nicht eingreift, soll jener selbst eingreifen. Die Visitation sollen die Vateräbte bzw. die Primaräbte übernehmen.
Das Generalkapitel soll endlich die Durchführung aller Bestimmungen überwachen. Im ganzen gesehen sicherte sich also
der Orden affirmativ die Aufsichtsrechte über die Klöster.
In der CC 2 wird der Bischof nicht mehr genannt. An seiner
Statt übt der jeweilige Vaterabt unter dem Generalkapitel
die obengenannten Rechte aus. Die Frage ist nun, ob noch unter einer gewissen jurisdiktionellen Oberhoheit des Bischofs
oder allein und ausschließlich. Verschiedene Umstände machen
letzteres sehr unwahrscheinlich. Die hervorragende Disziplin

der Zisterzienserklöster, die gut organisierte und eifrig geübte Visitation und die Autorität des Generalkapitels machten ein Eingreifen des Bischofs unnötig, die große Anmut der Klöster, ihre Absonderung und ihr Bemühen, nicht mit Diözesaninteressen zu konkurrieren, nicht wünschenswert und das durch Bernhard gehobene Ansehen des Ordens half mit, daß der Orden Jahrzehnte ungestört die durch die CC festgelegten Rechte ausüben konnte. Daher ist mit gutem Grunde anzunehmen, daß der Orden durch Gewohnheitsrecht die volle Selbstverwaltung besaß und daß dieses Gewohnheitsrecht in der CC 2 niedergelegt wurde. Bis zum Pontifikat Alexander III. war dieser Prozeß abgeschlossen, die CC 2 (inhaltlich) vom Papst bestätigt und der Orden genoß ungefähr jenes Maß an Selbstverwaltung, wie es heute ein exemter Orden genießt. Daß manche Bischöfe mit der Kodifizierung dieses Gewohnheitsrechtes nicht einverstanden waren, zeigen die bald darauf einsetzenden Streitigkeiten um den Obödienzeid, dessen Entleerung sie beklagten. Der Papst hielt aber an der einmal bestätigten Freiheit des Ordens fest und erklärte Zensuren für null und nichtig. Da dies besonders deutlich in der Bulle Lucius III. geschah, glaubte Schreiber und andere darin die Exemtionsbulle des Ordens erblicken zu müssen. Sie erweist sich aber klar als Wiederholungsbulle. Sie bestätigt nur, was der Orden eigentlich von Anfang an an Selbstverwaltung ausgeübt hatte.

Die ganze Privilegienentwicklung des Zisterzienserordens erhält auf Grund dieser weitblickenden Grundgesetzgebung Stefans einen anderen Charakter und Verlauf. Bisher bildete das privilegium commune, durch das die abhängigen Klöster (cellae) dem Rechtsstand des Hauptklosters angeglichen wurden, den Endpunkt einer oft langen Entwicklung. So gelangte es Cluny erst unter Paschal II., also erst nach fast 200 Jahren, seine untergebenen Klöster gleichzuschalten.
Beim Klosterverband von Citeaux steht hingegen das privilegium commune am Anfang. Jedes Kloster sollte Abbild von Ci-

teaux, der "mater totius ordinis" sein, in Rechten und Pflichten. Die rechtliche Gleichschaltung war freilich für Citeaux leichter, weil es zumindest in den ersten Jahrzehnten fast ausschließlich Häuser gründete, während Cluny bestehende Häuser reformiert, dabei aber an deren Rechtsstand oft wenig ändern kann. Die weitere Privilegierung des Ordens von Citeaux ist organische Entfaltung bzw. Sicherung der Observanz und deren Schutzverfassung. Manche Privilegien sind solche nur der Form nach, inhaltlich - zumindest für die gregorianische Reformpartei - allgemeines Kirchenrecht, wie zum Beispiel das Zehntprivileg, die Synodalfreiheit.[501] Andere sind Entfaltung und Sicherung des in der CC grundgelegten Selbstverwaltungsrechtes des Ordens, wie zum Beispiel die Ausübung der Regierungsgewalt durch den neugewählten Abt ohne Benediktion bei deren Verweigerung durch den Bischof, die Straffreiheit, die ausdrückliche Befreiung von der Visitation und der richterlichen Gewalt des Bischofs. Andere Privilegien sollen die Observanz gegenüber auftretenden Schwierigkeiten gewährleisten, wie die Interdiktfreiheit und ein Teil der Beichtprivilegien. So bleiben nur wenige Privilegien unseres Zeitabschnitts, die den Charakter einer nicht unbedingt notwendigen Vergünstigung haben, wie die Beichtprivilegien für Eintretende und besonders die Eximierung der Hintersassen der Zisterzienserklöster im Jahre 1257. Hier übt schon der ungestüme Drang der Ritterorden, sich und ihre Untertanen und Hintersassen völlig dem Diözesanverband zu entziehen, seinen Einfluß aus. Die Bettelorden durchbrechen den Pfarrzwang und begünstigen so diese Entwicklung. Die am weitesten gehende Privilegierung ist also dem bis dahin waltenden Privilegierungsgrundsatz fremd und auf andere Einflüsse zurückzuführen. Freilich hatte sich inzwischen auch die Wirtschaftsstruktur der Klöster geändert, die Eigenarbeit war zurückgetreten und man lebte wieder mehr vom Zehnten, Oblationen, Mühlen usw.

 Die Privilegiengeschichte des Zisterzienserordens in den

ersten anderthalb Jahrhunderten seines Bestandes gehört zu
den markantesten und für die Folgezeit bedeutungsvollsten
rechtshistorischen Erscheinungen, denn es ist die Entstehungsgeschichte des Ordens im heutigen Sinne des Kirchenrechts. Wie sie näherhin im alten Kirchenrecht wurzelt, wie
ihr Ablauf genauer war, wie später das ursprüngliche Privilegierungsprinzip - die Sicherung der Observanz - verlassen und aus der organischen Entfaltung des Sonderrechts eine unorganische, zersetzende Privilegienkumulation wurde,
all diese Fragen scheinen einer Untersuchung wert.[502] Die
genaue, gesicherte Kenntnis der Entwicklung der CC, die noch
aussteht, wird ihr Licht auch auf die Privilegiengeschichte
des Ordens werfen. Jedenfalls verdient die Privilegierung
des Ordens in den ersten Jahrhunderten seines Bestandes mehr
Beachtung als bisher.

Anmerkungen

1   Scheuermann 44. Vgl. Schreiber I, VIII; und 3
2   Scheuermann 44. Daux 17.
3   Scheuermann 44 f. Blumenstok 13.
4   Blumenstok 14.
5   ebda 15: "Reclamatio ad regis definitivam sententiam". Dies allerdings zuerst nur in den von den Franken eroberten Gebieten in Italien und erst ab 850 allgemein im Frankenreich. Nach Scheuermann 47 waren die Klöster ganz frei vom weltlichen Gericht.
6   Scheuermann 47.
7   Blumenstok 20.
8   ebda 21. Scheuermann 47.
9   Scheuermann 44, Blumenstok 23 f. Wie Scheuermann anmerkt, (Anm. 22), erteilte der Bischof oft nur auf Drängen des Königs einen Schutzbrief.
10 Blumenstok 24.
11 Ders. 25. Scheuermann 46.
12 Blumenstok 24 f.
13 Blumenstok 23.
14 Butler 334. Die Mitarbeit an der pastoralen Betreuung der Bevölkerung setzt aber erst um 1000 ein.
15 Blumenstok 21.
16 Ders. 28
17 Ders. 11, 27, 29, 33.
18 Ders. 44. Eine Zusammenstellung der ausgestellten Schutzbullen.
19 Ders. 56 f.
20 Schreiber I 6
21 Blumenstok 13, 58. Hüfner 29, Schreiber I 6, für später II 214. Vgl. Hefele V 125 Nr. 8. Vgl. Anm. 12
22 Blumenstok 53 f, bringt den Inhalt der Urkunden, wie er oft im 12. und 13. Jahrhundert aufscheint.
23 Lortz 299 f, Scheuermann 65 f.
24 Blumenstok 47, 63. Schreiber I 39 protestiert gegen die Gleichsetzung von "jus" mit "protectio"; denn er sieht es "durchtränkt vom Eigentumsgedanken"; dagegen wohl mit Recht Rieger 695.
25 Blumenstok 47, 125. Schreiber I 9, Anm. 3 warnt aber wohl mit Recht vor einer Verallgemeinerung dieser Behauptung, obwohl natürlich die von Blumenstok als Beweis angeführten 100 Briefe Innozenz III. zu berücksichtigen sind. Praktisch kommen also generalisierte Formeln neben den alten weitläufigen vor. Tangl als Beweis gegen die Generalisierung der alten Formel anzuführen, ist falsch. Die bei Tangl 229 I 2 angeführte Formel entspricht genau der von Blumenstok 47 angeführten.Sie bietet

freilich die Möglichkeit, die einzelnen Vermögensstücke einzufügen ("narratio" - vgl. Blumenstok 48, 53)
26 Ders. 56.
27 Ders. 50 f.
28 Ders. 54 f.
29 Migne 163, 47 (Jaffe nr 5842)
30 Blumenstok 49
31 Scheuermann 50. Auch Blumenstok 53 bringt eine Übersicht unterscheidet aber nicht die dem Schutz fremden Bestandteile.
32 Schreiber I 114.
33 Scheuermann 49
34 Bis 1150 weiß Blumenstok 150 keinen Fall, in dem dem gleichen Klosterobern vom gleichen Papst eine Wiederholungsurkunde ausgestellt worden wäre.
35 Ders. 150.
36 Zur allgemeinen juristischen Bedeutung Hinschius III 824 Ausdrücklich unter Innozenz III.: 13 X 5, 33. Ähnlich 14 X 5,33 (Friedberg II 860) und 29 X 5,33.
37 Blumenstok 152
38 Am besten läßt sich dies verfolgen an Hand des Formelbuches der päpstlichen Kanzlei, vgl. Tangl XLIV f, und 228 ff.
39 Blumenstok 149
40 Ders. 55
41 Benz 333.
42 Blumenstok 114 f, 139. Schreiber I 10, 182. Scheuermann
43 A. a. O. 77. Vgl. Schreiber 10. Nach Fabre, Etude 65. sur le Liber Censuum (S. 60) allerdings bereits im 10. Jahrhundert.
44 Schreiber 20, 24, besonders 35 f.
45 Blumenstok 84, Schreiber I 22.
46 Ders. I 8, 26.
47 Zum Begriff Schreiber I 9 ff. Blumenstoks Begriff "kommendierte Anstalt" ist Schreiber zu eng. Nach Riegers (696 f) kritischen Anmerkungen ist Schreiber geneigt, den Eigentumsbegriff überzubetonen. Vgl. dazu Blumenstok 69.
48 Schreiber I 14
49 Ders. 39. Nie wird aber diese Bezeichnung bei nichttradierten Klöstern angewandt.
50 Ders. 15.
51 Blumenstok 68, Schreiber 11 f, Rieger 696.
52 Schreiber I 20.
53 Ders. 17 ff.
54 Blumenstok 86
55 Schreiber I 121, Blumenstok 22.
56 Scheuermann 65.
57 Vgl. Blumenstok 115, Anm. 1
58 Göller. Die Einnahmen der apostolischen Kammer unter Johann XXII. I: Darstellung. Paderborn 1910. S. 57.Vgl.

59 Migne 163, 47; 179, 122; "... vestris postulationibus clementer annuimus ..." Ebda 200, 340. Scheuermann 65.
60 Blumenstok, 144
61 Schreiber, Studien 81 f. Spahr, Citeaux 1208. Anfänge 219; ein Beweis: Marilier Nr. 222
62 Schreiber, I 29.
63 Mahn 148 ff. In seinem Gefolge Frech 18. Noschitzka, Die kirchenrechtliche Stellung 170, Anm.1. Spahr Anfänge 219; Citeaux, Zisterzienser.
64 Schon Rieger 693:"Denn was bei Schreiber ... als entgültige Lösung dieser Fragen geboten wird, ist doch zumeist nur geistreiche Kombination, über die man füglich auch anderer Meinung sein kann." Wir möchten der Härte dieses Urteils nicht allgemein beipflichten, sehen es aber im Hinblick auf die Zisterzienserexemtion und schon den Begriff "Exemtion" Schreibers bestätigt. Später Mathis 4.
65 Schreiber I 6 f.
66 Blumenstok 131. Scheuermann 49, 58, 63 f.
67 Blumenstok 124
68 "Dieser bei der Schutzerteilung zutagetretende sachenrechtliche Unterschied war für die Klassifizierung wie das Wachstum des Privilegs im 12. Jahrhundert von fundamentaler Tragweite." Schreiber I 8
69 Hüfner 41. Vgl. Scheuermann 64.
70 Schreiber (Studien 105) bezeichnet es als Verdienst Brackmanns, erkannt zu haben, daß auch in Sachen der Zisterzienserexemtion die jeweilige Rechtsstellung des Einzelklosters scharf ins Auge zu fassen ist. Allerdings unterschätze er die nivellierende Kraft des privilegium commune.
71 Blumenstok 44.
72 Ders. 45.
73 Blumenstok 45 f.
74 Wie sehr Alexander III. mit den französischen Zisterziensern zufrieden war, weil sie Erzbischof Thomas Becket aufgenommen hatten trotz der Drohungen des englischen Königs, zeigen die Erlasse Jaffe 11018 11026 11060 11066 11071 11086 11097 11110 11120. Als es das Generalkapitel 1166 doch für besser hielt, wenn Thomas das Kloster Pontigny verlasse trotz des Widerstandes des beherbergenden Klosters und trotz des ausdrücklichen Wunsches des Papstes, wurde drei Jahre lang keine einzige Schutzbulle ausgestellt. Die vom Papst isolierten und teilweise kaiserfreundlichen Zisterzienserklöster erhielten erst ab 1177 (Friede von Venedig) Schutz und Bestätigungsbriefe.

75 Ders. 125 Vgl. Mitterer 36 f.
ff. Schreibers Einspruch scheint berechtigt (a.a.O. I 9, Anm. 3), insofern Blumenstok deren Entstehung erst auf das Ende des 12. Jahrhunderts versetzte und nicht sieht, daß davon vor allem die stark zu Privilegienbullen gewordenen Schutzbullen betroffen sind. Tangl (a.a.O. XLIV f)konstatiert für das 13. Jahrhundert das Vorhandensein inoffizieller Sammlungen von Formularen, die als Nachschlagebücher und als Vorlagen bei der Anfertigung des Konzepts und der Reinschrift für den Handgebrauch dienten. Sehr wahrscheinlich existierten solche inoffizielle kleine Sammlungen schon im 12. Jahrhundert; auf sie wären die Generalisierung und unter Umständen Abkürzung der Formel zurückzuführen, die jedoch nicht in allen Fällen zur Verwendung kam.

76 Blumenstok 128 f.
77 8 X 5,33; ähnlich 7 X 5,33.
78 Jaffe 7537, Migne 179, 122
79 Selbst Citeaux wird noch einmal von Alexander III. gleichsam als Mutterkloster mit Tochtergründungen und in breiter Form mit Aufzählung der Schenkungen an alle Häuser geschützt. Vgl. Migne 200, 340.
80 Blumenstok 127.
81 A.a.O. II 207 f, vgl. I 65 f.
82 A.a.O. I 59.
83 Schreiber I 70 - 74.
84 Schreiber I 65.
85 Ders. I 66 - 69.
86 Ders. I 75 - 83. Zu all diesen Ergebnissen der Forschungen Schreibers ist aber zu bemerken, daß ihnen dessen Exemtionsbegriff zugrundeliegt: Exemtion = Befreiung von der Strafgewalt des Bischofs. Wir werden uns noch damit befassen.
87 Blumenstok 127
88 Ders. 89, Anm. 1
89 EP c.14; Migne 163,47. Wiederholungen (reine Schutzbullen) für Citeaux Jaffe 10287 und Migne 200, 340
90 EP c.12, 13, 14.
91 Migne, 179, 122.
92 EP c.15. Alberich starb 1109. (Näheres Müller, Citeaux 80 ff. Gerards 70 ff.)
93 Schreiber I 255 f. Hoffmann, Stellungnahme ... 427. C. Korbe, Die Stellung Urban II. und P.Paschalis II. zu den Klöstern. Greifswald 1910 (Dissertation)
94 Schreiber I 258 f, 260 f
95 Ders. I 259 f. Hoffmann, a.a.O. 437

96	Schreiber I 267. Hoffmann a.a.O. 443. Migne 200, 1233
97	Schreiber I 269. Hoffmann a.a.O. 447
98	Migne 179, 122 (7537 bei Jaffe). Zur ganzen Geschichte der Zisterzienserzehntfreiheit vgl. Hoffmann, Stellungnahme ... 421-449 und Mahn 102-119. Einz. Zusf. Canivez, Citeaux 784 f.
99	So vermutet Hoffmann a.a.O.425 f wohl mit Recht; vgl. Manrique I 234. Innozenz beruft sich auf Gregors des Großen Brief an Augustinus in England. P. Maurus Grebenc von Stams machte mich liebenswürdigerweise auf eine noch klarere Stellungnahme Gregors d.Gr. aufmerksam: " ... statuimus secundum priorem diffinitionem, ut monasteria nullo modo ex suis praediis cogantur ab episcopis decimas dare, quod si legitime non sunt nisi orphanis et peregrinis, indignum valde est, ut ab eis exigantur ... Certam habemus praedecessorum nostrorum constitutionem et regulam nihil in hoc mundo habentibus decima et oblationes mortuorum et vivorum convenire, qui spontaneam paupertatem in monasterio sub imperio aliorum degere volunt, in quibus Christus alitur, vestitur et pascitur ..." (Stams, Handschrift 17 (12.Jh.) f l'r; Brief an den Bischof von Ravenna um 595). Die Zehntpolitik der Päpste seit Paschal II. scheint also nur die Wiederaufnahme einer alten, schon vor Gregor I. bestehenden Praxis zu sein ("certam habemus praedecessorum nostrorum constitutionem ...") cf. Schreiber I 287 f.
100	Vgl. "Dialogus inter Cluniacensem monachum et Cisterciensem" Martène - Durand C 1594 Mansi XXI 830.
101	Vgl. Canivez, Citeaux 784: Pontigny 1157 und Hardenhausen 1155. Vgl. Hoffmann 437 und Schreiber I 261 f.
102	Schreiber 265 f. Fälschlich das Gegenteil; Mitterer 7
103	Die Heftigkeit des Kampfes ersieht man aus der häufigen Wiederholung dieser Bulle. Schreiber datiert sie in das Jahr 1174. (a.a.O.268,Anm. 1). Neben den dort angegebenen Wiederholungen wären noch zu verzeichnen: Jaffé 14705 14715 14940 14951 14990 15409 15420 15458 15826; 15959 15961 16215. Inhaltsgleich: 11982 14117 14226 15796
104	c.6 X 1,3, vgl. Tangl 231 I nr 19
105	c.9 X 3,30 "Suggestum est nobis". Vgl. Hoffmann a.a.O. 445
106	Canivez, Statuta ... 1180, 1. In diesem Sinne noch eine Mahnung Innozenz III. (Potthast 4767)

		den Zehnt zu entrichten, um die Zehntfreiheit auf dem bevorstehenden Konzil (Lat. IV.) nicht ganz zu verlieren. Vgl. auch Turk Cisterciensum ... 132 ff.
107		Auch Innozenz III. Vgl. Potthast 4904.
108	Mansi	XX 1042 f. Vgl. Hoffmann, Stellungnahme 447 f. Mahn 112. Anders Hefele V 896 nr. 55: "Die Cistercienser und andere Mönche müssen von fremden Gütern, die sie b e r e i t s e r w o r b e n haben ..." Zehnt entrichten. Nach Mansi sagt das Konzil ausdrücklich: "die sie i n Z u k u n f t (in posterum) erwerben ..." Tatsächlich widerspricht der Passus, den Hefele bringt, sämtlichen späteren Bestätigungen (vgl. Anm.110)
109	Hoffmann,	Stellungnahme ...448
110	Potthast	11232
111	Manrique	IV 269. So auch ins Privilegium commune übernommen, vgl. Tangl 229 I 6 (vgl. auch Einleitung 228), ferner Formel XXVIII. Schon früher inhaltlich gleich: Stams (Hs21) H XV, 1. Potthast 5929 5941 5946 6236 6769 6786 6823 6934. Koendig 260 f 262. All diese Bestätigungsbullen ergingen innerhalb von zwei Jahren (1218 - 1220). Nach der ausführlicheren bulle, die ins privilegium commune einging, erfolgen noch weitere Bestätigungen: Potthast 7314 7320 26129 7380 26129 11232 18311.
112	Hoffmann	(a.a.O. 449, Anm.4) will gegen Schreiber (I,291) beweisen, "de nutrimentis vestris" sei sowohl vom "Tierfutter" als von "Viehzucht" zu verstehen. Die Zehntfreiheit gelte also einfachhin für Viehzucht. Doch scheint uns der Umstand, daß dieser Begriff beides heißen könnte (nach Du Cange) nicht zu beweisen, daß nicht doch rechtlich ein Unterschied bestand. Schreibers Ausführungen, die gut belegt sind, überzeugen. Zudem können wir noch aus dem Jahre 1207 ein Regest anführen (Potthast 3024), in dem klar unterschieden wird: "... aut de nutrimentis aut de ipsis animalibus ...". Tangl(a.a.O. XL, Anm. 6) geht sogar soweit, Formel 18 wegen des Vorhandenseins dieses Begriffs allein (ohne Erwähnung der animalia) als "Irrtum in der Eintragung" anzusehen.
113		Vgl. Gerards 65 ff.
114	Schreiber	I 257, Anmerk. 3. Allerdings scheint er das Bezehntungsrecht zu früh anzusetzen. Das angeführte Beispiel (Jaffe 11151) kann ge-

nau so gut Befreiung von der Zehntpflicht sein. Es wären die Schenkungsurkunden an Citeaux daraufhin noch näher zu untersuchen. Vgl. <u>Marilier</u> nr. 66: "Decimam... monachis ... dimiserunt, quantum scilicet ad propriam illorum agriculturam pertinet." Es ist oft schwer festzustellen, ob die Zehntschenkung (decimam retinere) die Erlaubnis ist, den Zehnt für Eigenbauland zu behalten oder ob das Bezehntungsrecht gemeint ist. 3 X 3,35 könnte letzteres vereinzelt schon unter Alexander III. vermuten lassen.

115 <u>Jaffe</u> 16471 16922 = <u>Migne</u> 206, 961
116 <u>Jaffe</u> 17065
117 Ders. 17199
118 <u>Potthast</u> 47
119 Ders. 5666
120 Ders. 5680
121 Ders. 6897
122 <u>Grießer</u>, Wirtschaftsordnung; Bes.Nr. 13,14,35,49,50
123 <u>Pott-</u> 12132. Wiederholt 12603 12703 13105 13240 13342
    <u>hast</u>   13808 13821 14075 17749. S_tams (Hs 21)
               H XIV,1)
124 <u>Canivez</u> 1134 IX; 1142, I; 1157, 6. Die Datierung ist bestritten.
125 Ders. 1196,50; 1203, 15.
126 <u>Marilier</u> nr.174
127 <u>Spahr</u>, Citeaux 1208. Vgl. derselbe: Anfänge 219.
128 <u>Potthast</u> 9376 = <u>Manrique</u> IV 471 = <u>Henriquez</u> 61. <u>Tangl</u> (Formeln) nr 22. Wiederholt <u>Potthast</u> 9782 9745 11311
129 Z.B. Potthast 6232
130 Ders. 12126; wiederholt 12606 12707 13819 13831 13912
131 Vgl. <u>Canivez</u>, Statuta ... Registerband (8) "episcopus"
132 <u>Migne</u> 180, 541: "... ne quidem in alicuius antistitis dioecesi ordinis vestri abbatia fundetur, donec ipse antistes decretum, quod inter ecclesias ordinis vestri ad custodiam cisciplinae firmatum est, ratum se habere promittat."
133 <u>Potthast</u> 7668
134 Ep c.15, vgl. <u>Canivez</u>, Statuta 1134, IX.
135 <u>Canivez</u>, a.a.O. 1157, 63
136 Ders. 1217, 3.29
137 <u>Canivez</u>, Citeaux ... 784
138 <u>Manrique</u> IV 349 (<u>Potthast</u> 8102)
139 <u>Potthast</u> 13189
140 Ders. 9801
141 <u>Manrique</u> IV 473 (<u>Potthast</u> [6]9325)
142 <u>Potthast</u> 8101 = <u>Manrique</u> IV 349; wiederholt: Potthast 13184 13522 13753
143 Ders. 5944 6170 gegen Geld und Fleischforderungen.

		Exkommunikationsverbot ohne Spezialmandat <u>Manrique</u> IV 146 (<u>Potthast</u> 5950) Sie dürfen auch nicht den Klöstern den Auftrag geben, ihre Gründer zu exkommunizieren. Manrique IV 471 (<u>Potthast</u> 9387; wiederholt 9779 17399). Jede verhängte Sentenz aus diesem Grund ist ungültig: ders. 17337 = <u>Henriquez</u> 70
144	<u>Manrique</u>	IV 228 (Potthast 6756); <u>Potthast</u> 18905, 19082.
145	<u>Henriquez</u>	69 (<u>Potthast</u> 16041)
146	<u>Potthast</u>	913 1435
147	<u>Hefele</u> II	509 (mit Urtext); vgl. c 12 C 16 q 1 und c 10 C 18 q 2.
148	Ders. II	584
149	Ders. II	760
150	Im Stamser	Stiftsarchiv (Hs 17 fol 1'r Vorsatzblatt) befindet sich, wie mich der Stiftsarchivat P. Maurus Grebenc aufmerksam machte, noch ein Brief Gregors d. Großen an den Bischof von Rimini mit derselben Bestimmung.
151	<u>Hefele</u> III	77
152	Ders. III	57. Vgl. II 760
153	Ders. III	550
154	Ders. III	693
155	Ders. IV	648
156	Ders. IV	699
157	Ders. IV	7 575
158	Ders. V	205 323 381 418
159	Ders. V	382 ff
160	Vgl. ders. V	125
161	<u>Mansi</u> IX	793; bei Hefele ausgelassen.
162	<u>Scheuermann</u>	52 f.
163	Ders. 42 f	
164	Ders. 58	
165	Ders. 57	
166	Kurie und Kloster im 12. Jahrhundert, 2 Bände. ZB. I, 109, Anm. 1	
167	a.a.O. 105 mit Anm 2. <u>Blumenstok</u> ist übrigens mit dieser Annahme nicht allein geblieben. Auch <u>Hüfner</u> (a.a.O. 41) kam zu dieser Überzeugung, ebenso <u>Mathis</u> (a.a.O. 5f). Scheuermann will sich nicht entscheiden (a.a.O.54), neigt aber zu dieser Ansicht.	
168	<u>Blumenstok</u>	103 f
169	<u>Migne</u> 163,	271. <u>Schreiber</u> I 28, Anm. 1
170	c3 7 8 9 X 5,33. Besonders c8 X 5,33	
171	c16 17 18 21 X 5,33	
172	c10 in VI° 5,7	
173	<u>Schreiber</u>	I 28 f. Was ist aber, wenn ihm ein Kloster auf Grund eines päpstlichen Privilegs Rechte, die ihm vom allgemeinen Recht her zustünden, verweigert? Könnte man überhaupt

		noch von einem durch die päpstliche Kurie gewahrten Sonderrecht sprechen, wenn es von der bischöflichen durch Zensuren rechtmässig verhindert werden könnte?
174	Schreiber,	I 28: "... als ob etwa das dem Kloster erteilte Schutzprivileg die Exemtion notwendig zur Folge hatte." Daß hier ein Mißverständnis zugrunde liegt, zeigt Blumenstok 89, Anm. 1. Schuld ist nur die statuierte und dann konsequent angewandte Gleichung Schreibers: Exemtion = Befreiung von der Strafgewalt des Bischofs. Vgl. oben Anm. 164.
175	Das muß Schreiber	(a.a.O. 191 mit Anm. 6) selbst einmal feststellen:"In der Tat erweist sich die Formel (bezüglich des Verbots der öffentlichen Messe im Kloster) als eines der häufigst verliehenen Rechte der Exemten; in unmittelbarer Verknüpfung damit erfolgt die Befreiung von der Strafgewalt des Ordinarius." Dazu ist nebenbei festzustellen, daß die Häufigkeit einfach darauf zurückzuführen ist, daß das Reformpapsttum bemüht war, schon längst kanonisiertes allgemeines Kirchenrecht in Privilegienform durchzudrükken (vgl. Bestimmung g und h der römischen Synode von 601, oben S. 38) Als Exemtionskriterium ist dieses "Privileg" also unverwertbar. Vgl. auch Henriquez 63, wo ein straffreies Privileg als Selbstverständlichkeit betrachtet wird. Bestimmungen gegen die Indulte sind von vornherein ungültig Jaffe 15807. Vgl. auch 1 in VI° 5,12.
176	Scheuermann	64
177	Blumenstok	103 f. 1 in VI° 5,12 wäre dann einfach Wiederholung.
178	Scheuermann	64. Er führt als Beweis 12 X 5,33 an, in dem sich ein Bischof als delegierter Cognitor in einer Streitsache nach Einsichtnahme in das päpstliche Schutzprivileg für nicht zuständig erklärte.
179	a.a.O. II	207 f
180	Du Cange	V "libertas". Vgl. dann auch unten bei der Besprechung der Luciusbulle.
181	Blumenstok	96
182	Rieger	693 - 698
183	Jaffe	5676, vgl. Hüfner 37 f, Scheuermann 60
184	Blumenstok	95 f. Vgl. oben Anm. 70
185	Nach Scheuermann	(a.a.O. 60) war das erste Cluny: Jaffe 5676 Schreiber (a.a.O. I 76 f) sucht noch vergebens bei Tangl ein privilegium commune; Tangl (a.a.O. XXXVI f) betont aber, daß 14 Formeln 1150-1200 in Gebrauch waren, alle andern sind dem 13.Jh. zuzuschreiben.

186 Vgl. Müller, Von den Siegeln ... 1-11; 23-27.
187 Potthast 1052 2230 3034 3687 4904 u.ö.
188 Koendig 258
189 Vgl. die Übersicht bei Blumenstok 44
190 Schreiber I 30
191 Ders. I 127 f; ausdrücklich 14 X 5,33
192 Ders. II 198
193 Es ist kaum anzunehmen, daß erst mit der Entscheidung Innozenz III. (16 X 5,33) eine neue Rechtsentwicklung einsetzt: "Exemptus ratio ne certae rei vel certi loci non censetur exemptus respectu ulterioris rei vel loci." (Summarium) Ähnlich 17 X 5,33 und 18 X 5,33.
194 Vgl. Hüfner 28 ff. Scheuermann 58. Brandi.Besprechung.
195 Mathis 4 f
196 17 X 5,33
197 18 X 5,33. Später noch einmal Innozenz IV. 1 in VI° 5,12
198 16 X 5,33
199 Stutz,Eigenkirche: "Freilich blieb ein wirtschaftlich blühendes Eigenkloster auch nach seiner Emanzipation ... eine gewinnbringende Kapitalanlage." Vgl. Schreiber I 17 f.
200 Libertas gegenüber dem Eigenkirchenherrn - libertas gegenüber dem Bischof in vermögensrechtlicher Hinsicht - libertates gegenüber der Weihe- und Regierungsgewalt des Bischofs.
201 Vgl. Blumenstok 50
202 8 X 5,33 (Jaffe 9101)
203 Blumenstok 88 f 133 ff. Schreiber 38 ff
204 Schreiber 43
205 Scheuermann 57, Mahn 157 f
206 Blumenstok 89
207 Schreiber I 39 f
208 Rieger 695 ff
209 Noch Innozenz III. bemerkt: "Porro pars altera proposuit ex adverso, quod si praedictus Innocentius "protectionem" nominare voluisset peregrino vocabulo "l i b e r t a t e m", ubi libertatis posuit, "protectionis" ponere potuisset. (14 X 5,33 Friedberg II 859 unten, Potthast 1951) Vgl. auch Blumenstok 134 Anm. 1.Übrigens mahnt Alexander öfter, genau auf den Tenor der Privilegienbulle zu achten: "De privilegiis non est judicandum, nisi eorum tenore inspecto et secundum continentiam eorum ab omnibus subditis sunt servanda." (7 X 5,33 = Jaffe 7935)
210 A.a.O. 63
211 A.a.O. 47 f.
212 Schreiber I 51
213 A.a.O. 65, Anm. 76

214 Schreiber I 52
215 Ders. 91
216 Ders. mit Anm. 5
217 Jaffe 12780. Vgl. Schreiber I 56, Anm. 1
218 Schreiber I 55
219 Ders. 58
220 Ders. 59
221 Ders. 60 f
222 Ders. 63
223 Ordensschutzbullen wären: Migne 200, 340 (Marilier nr 175), wiederholt vielleicht Jaffe 10287. "Sacrosancta" - Bullen: Lefèvre, Une bulle inconnue ... 1-8 (aus dem Jahre 1163), und Nomasticon 80 (Jaffe 11226) = Stams (Hs 20) priv. nr 6 = Mansi XXI 959 = Migne 200, 390 aus dem Jahre 1165.
224 A.a.O. 89
225 Schreiber I 127
226 Mahn 128, Anm. 5
227 Vgl. unten Obödienzeid. Schreiber I 138 unterschätzt die Klausel.
228 Migne 200, 592 (Alexander III. 1169)
229 Migne 179, 122
230 Vgl. näheres: Spahr, Regelauslegung
231 Vgl. Lortz I 338 f
232 EP c.15 Vgl. Hallinger 10 ff hält den "Frühansatz des Konverseninstitutes für keineswegs gesichert. "Die Konversen-Capitula, die 1119 mitbestätigt wurden, scheinen in der Tat die ersten tastenden organisatorischen Versuche auf diesem Gebiet darzustellen, so daß die wirklichen Anfänge nicht im ersten, sondern wohl erst zu Beginn des zweiten Jahrzehnts des 12. Jahrhunderts liegen dürften." Zur Observanz vgl. Lekai 26; Lortz 343 f
233 Ep c.11, 12, 13
234 Ep c.12 (Lekai 31 f)
235 Ep.c. 3 : " ... et propter hoc apostolicae sedis legati auctoritate uti praelibavimus, ad hanc solitudinem convolaverunt, ut profesionem suam observantia sanctae regulae adimplerent."
236 Die Schenkungsurkunde scheint jedes Eigenkirchenrecht auszuschließen, wie schon Spahr bemerkt hat, vgl. Anm. 127. "... Et quia eiusdem loci ecclesiam quam illuc usque tenoerat, quae divini tantum juris est, abbas et reliqui fratres de manu ipsius, quia laicus erat, suscipere minime dignum, dimisit eam ab omnimoda eius possessione renuntians, praedictis fratribus ad servitium dereliquit." Nach zwei Jahren wird

	der Vertrag etwas geändert und hinzugefügt: " ... numquam ulterius loco illi vel fratribus ipse vel eius heres calumpniam inferret nullamque persolutionem expetent." (Marilier nr 22)
237	" ... sancimus". Die Betonung der apostolica auctoritas ist im ältesten Schrifttum des Ordens auffallend. Turk sieht sie als Rechtfertigung. Dagegen scheint uns Spahr (Neue Beiträge.. ..31f) richtig zu vermerken: "(Diese Betonung) muß vielmehr als Schutzmaßnahme aufgefaßt werden, die im damaligen jus commune gebräuchlich war. Zudem ist der Gedanke der apostolica auctoritas nicht lange vorher durch den Dictatus Papae Gregors VII. stark betont und durch das Mönchtum von Cluny verbreitet worden.
238	Die Tendenz zur Exemtion liegt in der Paschalbulle in einem ganz anderen Punkt als Van Damme (La constitution 53, Anm.5) meint. Auch an der von ihm zitierten Stelle aus Schreiber (I 88, Anm.1) sagt dieser nichts von einer Tendenz zur Exemtion. Zu einer abgerundeten Ansicht Schreibers über diese Bulle vgl. I 91 und ders. Studien 74 ff. Der für die spätere Freiheit des Ordens liegende Akzent liegt vielmehr in der als Tabu erklärten Observanz: "Cette immutabilité de la règle était, pour les cisterciens, le grand avantage souhaitable." (Canivez, Citeaux ... 781).
239	Vgl. Schreiber I 88 Anm. 1; bes.ders. Studien 74 ff. Müller, Citeaux unter Alberich, 44 f. Mahn 131 ff.
240	" ... quamdiu vos, ac successores vestri in ea quam hodie observatis, disciplinae ac frugalitatis observantia permanseritis ..."
241	A.a.O. 53; leider ohne Angaben von Quellen.
242	Nach der Zählung Zakars (a.a.O. 114, Anm. 6) auf S.8 (bei Marilier (21) f 3). Er bringt eine kleine Aufstellung,der wir einiges wenige ergänzen. Das Werk ist heute sehr selten. Text: Marilier nr 21.
243	A.a.O. 51
244	A.a.O. I 22
245	A.a.O. XVIII 129
246	A.a.O. 240
247	A.a.O. I 30
248	A.a.O. XX 980
249	A.a.O. 163, 47
250	Nomasticon, (Seiten nicht numeriert, nach unserer Zählung Seite 11 nach dem umfangreichen Index) Diese kurze geschichtliche Einleitung

trägt den Titel: "Prima nascentis coenobii et ordinis Cisterciensis historia vulgo inscripta "Exordium et ordinis Cisterciensis'. In einer kurzen Einleitung, vor der "Admonitio in exordium coenobii et ordinis Cisterciensis" gibt der Verfasser als Quelle Aubertus Miraeus an.

251 A.a.O. 22 ff. Vgl. Cist 9 (1897) 312
252 A.a.O. 129 f. Glücklicherweise muß gesagt werden, wenn auch mit falscher Numerierung. Denn sonst pflegt Miraeus selten Quellen anzugeben. Seine Angabe aber ermöglicht es, wenigstens teilweise die falsche Überlieferung dieses Satzes zu orten.
253 Müller, Alberich 43, Anm. 72
254 Vgl. Cist 26 (1914) 307
255 Vgl. Zakar 114, Anmerk 6
256 Text: Marilier nr 69 (mit weiteren Quellenangaben). Henriquez 38 52. Coquelinus II 166. Migne 163, 1147. Kollationierte Ausgabe: Lefèvre La bulle "Apostolicae ... 141 f
257 " ... quaedam de observatione regulae beati Benedicti et de aliis nonnullis quae ordini vestro et loco necessaria videbantur capitula, statuistis."
258 " ... Consensu et deliberatione communi abbatum et fratrum monasteriorum vestrorum et episcoporum in quorum parochiis eadem monasteria continentur ..."
259 "Quae nimirum ad majorem monasterii quietem et religionis observantiam, auctoritate Sedis apostolicae petitis confirmari."
260 Turk, Statuta 68. Vgl. Hallinger 10, Anm. 39
261 " ... quaedam de observatione regulae beati Benedicti ... capitula ..."
262 " ... et de aliis nonnullis quae ordini vestro et loco necessaria videbantur capitula ..." ... capitula illa e t constitutionem".
263 Einen Überblick über die Diskussion bietet Zakar 103 - 138.
264 Lefèvre, La bulle "Apostolicae Sedis ..."
265 A.a.O. 85. Wir können diesen Satz nur mit Vorbehalt unterschreiben. Denn recht verstanden, würde er besagen: Der Orden hat in seiner Verfassungsurkunde Grundgesetze festgelegt, die man später bei günstiger Gelegenheit zu einer völligen Selbstverwaltung ausbauen konnte, sei es durch weitere vom Papst bestätigte Gesetze, sei es durch Privilegierung durch den Papst allein. Die Entwicklung der CC läßt aber völlig andere Strukturen erkennen. Im Grunde gab sich die junge Filiation von Citeaux schon alle

Gesetze, die, vom Papst bestätigt, die innere Selbstverwaltung des Ordens Ordensorganen übertrug und die man nur noch allmählich differenzierte. Wenn die CC noch dem Bischof ein Korrektionsrecht in zweiter Instanz zusprach, so hatte sich Citeaux auch hier das erste und letzte Wort vorbehalten.

266 Vgl. zusammenfassend Zakar, 108 - 112
267 Zusammenfassend derselbe 115 - 118
268 Zusammenfassend derselbe 120 - 132
269 Vgl. Zakar 125
270 Wir folgen hier der übersichtlichen Aufstellung Noschitzkas, Die kirchenrechtliche Stellung.. 168 ff.
271 Eine ähnliche Verfügung ist im Privileg Innozenz II. für Vendôme bezeugt. Vgl. Schreiber I 118, mit Anm. 6
272 " ... hic breviter perstringemus." Lefèvre will darunter eine Neuordnung der Statuten verstehen; die Bezeichnung "summa" bedeute keinesfalls eine Zusammenfassung. Gegen diese Vermutung spricht wohl schon die obige klare und unmißverständliche Ankündigung, der dann tatsächlich (schon stilistisch) eine Zusammenfassung folgt. Lefèvres Vermutung fand auch keinen Anklang. Vgl. Zakar 116 119 127 f.
273 Auch diese Bestätigung betrachtete Lefèvre als Interpolation, ohne auch diese Vermutung näher zu gründen.
274 "Exordium Cistercii"
275 Noschitzka, Die kirchenrechtliche Stellung ... 170 f
276 Spahr, Beiträge 31
277 Turk, CCl 57 (Einleitung)
278 Noschitzka, Die kirchenrechtliche Stellung ... 168 ff
279 Vgl. Schreiber I 85
280 Zakar 103 - 138
281 Noschitzka, Die kirchenrechtliche Stellung ... 171. Leop. Grill, 56, glaubt nachgewiesen zu haben, daß die SCC anläßlich des Generalkapitels 1125 vom Hl. Bernhard von Clairvaux verfaßt worden sei.
282 Ausführlicher Quellennachweis: Turk, CC 1, 30 f (Einleitung); Van Damme La constitutione 55, Anm.2
283 Zakar (a.a.O. 132) äußert Bedenken. Im Rahmen der allgemeinen Praxis (vgl. oben S. 7 f) ist die Vermutung wahrscheinlich, aber nicht zwingend. Nur für die beiden letzten unter einem Papst innerhalb von zwei Jahren ergangenen Bestätigungen sind die Privilegienbestimmungen bezüglich des Obödienzei-

	des ein einleuchtender Ausstellungsgrund (Einsetzen der Streitigkeiten wegen dieses Gehorsamsversprechens.)
284	Migne 180, 1544 (Jaffe 9600). Henriques 53 f. Manriques II 205
285	Nomasticon 78 f
286	Lefèvre, Une bulle inconnue ... 1 - 8
287	Stams (Hs 20) priv 6; Nomasticon 80; Henriquez 55f (Jaffe 11226)Migne 200, 390. Die CC 1 und CC 2 mit der Bulle verglichen und gegenübergestellt hat Van Damme, La constitution ... 51 - 104.
288	Spahr, Anfänge, 220 (vgl. Can 488, 2°)
289	Schreiber II 297 f
290	Muschard,Das Kirchenrecht bei den ... Cisterziensern 582, Anmerk. 3 und 4
291	Schreiber II 333
292	Derselbe II 297. Allerdings gilt dies nur für die CC2.
293	Spahr, Anfänge 221
294	Vgl. Lucius Bulle unten 105 ff; Bulle Urbans IV. Henriquez 72 f.
295	Schreiber I 29
296	" ... nisi pro fide ..." Migne 179, 122 (Jaffe 7357)
297	Vgl. Schreiber I 30
298	Vgl. oben S. 38 ff.
299	Schreiber I 124. Scheuermann 62
300	Blumenstok 86. Scheuermann 46, Anm. 25
301	Vgl. Marilier nr 22
302	Schreiber I 117 122
303	CC 1 XI. CC 2 V.
304	Migne 179, 122 (Jaffe 7544)
305	Im Jahre 1160. Vgl. Migne 200, 95 (Jaffe 10635)
306	Vgl. Schreiber I 123
307	"Electus autem nulli archiepicoporum vel episcoporum emancipatus vel quasi absolutus tradatur, sed nec post factam archiepiscopo vel episcopo suo professione occasione eius, ordinis sui constitutiones transgrediatur vel in aliquo praevaricator eius existat." Nomasticon 80 (Jaffe 11226)
308	Stams, Hs 20, priv 7 Migne 200, 592 (Jaffe 11632) Wiederholt unter Urban III. (Stams Hs 1 nr 3); Henriquez 59 f. Nb: die richtige Paginierung wäre 57.)
309	Vgl. Canivez, Citeaux 755 u. 783
310	Stams Hs 20. Henriquez 62 (Potthast 9377). Das Privileg wurde auch in die Formelsammlung der päpstlichen Kanzlei übernommen, vgl. Tangl 228 ff nr 21. Dazu die Gegenüberstellung bei Mahn 79.
311	Canivez, Statuta 1211.12
312	Schreiber I 127. Mahn 75 - 81
313	Jaffe 15422. Henriquez 59 (richtiger 57). Manrique

III 171

314 Schreiber I 224
315 Derselbe I 177
316 Migne 200, 671 (Jaffe 11789)
317 Tangl 231 I nr 15 16
318 Manrique IV 406 (Potthast 8557)
319 Tangl Formelsammlung 228 ff nr 17. Wiederholungen: Potthast 11977 12254 (= Liber quorundam priv. f. 19b) 13102. Mit Einschränkung Potthast 12131 12262 12601 12705 13822
320 Canivez, Citeaux 757. Es gelang uns nicht, die Bulle zu finden. Schon 1217 hatte Papst Honorius dem Generalkapitel die Gewalt, von Irregularitäten zu dispensieren, erteilt. Vgl. Henriquez 58 f. (Potthast 5618)
321 Ms 13 de la bibliotheque municipale de Melun fol 81 (vgl. Canivez, Citeaux ... 783.) Vgl. dazu das Generalkapitelstatut: Canivez,Statuta 1260 nr 8
322 EM 335
323 Noschitzka, Die kirchenrechtliche Stellung 171
324 Vgl. Potthast 1772 5497. Innozenz III. und Honorius mahnen schon zu gütlichem Vergleich. Weiteres Müller, Vom Zisterzienser Orden 78. Cist.36 (1924) 26 ff.
325 Spahr, Neue Beiträge 33. Der Verfasser nuanciert seine These (LThK, "Zisterzienser", X 1383) später und betont den "relativen Zentralismus", genauer das "Patriarchalsystem", basierend auf dem "Filiationsprinzip", gegenüber dem "absolutistischem Feudalsystem" von Cluny. Zur älteren Diskussion: Cist. 46 (1934) 248.
326 Turk I 48. Zur Rechtsstellung des Abtes v.C., vgl. auch Canivez, Citeaux 753.
327 CC 1 IX (28, 29) Er wird nur von den Äbten der eigenen Tochterklöster abgesetzt. Vgl. Spahr, Zisterzienser 1383.
328 Griesser, Rechtsstellung
329 Henriquez 75 - 78 (Potthast 19185) Vgl. Anm. 303. Grill, Der erste Reformversuch ... Dagegen Turk 47 f
330 Lekai 36
331 Janauschek V. Vgl. auch Schreiber II 333.Exemtion 99 Gregor IX. bat in der ersten an seinem Konsekrationstag ausgestellten Bulle das Generalkapitel,für ihn zu beten. (Potthast 7862) Manrique IV 351
332 Schreiber, Exemtion 90
333 Noschitzka, Codex 31. S. 29
334 Besonders in den großen Bestätigungsbullen für die Verfassung unter Eugen III. (Henriquez 53 f nr 9 - 11) und Clemens IV. (Henri-

quez 75 ff)
335 Grill, Der erste Reformversuch 71
336 Turk (a.a.O. 51) kann an Hand der CC 1 nachweisen, daß man nicht sagen kann, durch "Parvus fons" sei ein charakteristisches Stück der Zisterzienserverfassung geschwunden und ein Schritt nach rückwärts, älteren Traditionen zu, getan worden (Grill, Ein Reformversuch 52 f) Im Gegenteil, die Bulle näherte sich wieder der ursprünglichen Ordensverfassung. "CC 1 probat regressum in ordine factum fuisse regressum ad pristinum ac proprium O. Cist, statum." (Turk, a.a.O. 47)
337 Stams, Hs 20. Henriquez 58 f (Potthast 5618)
338 Lefèvre, Une bulle inconnue ... 7
339 Vgl. Zakar, 115, Anm. 2
340 Turk 49
341 Schreiber I 217
342 Ders. 218
343 EP c. 15
344 Hefele V 509
345 Schreiber I 219
346 Manrique I 233 f. Marilier nr. 90 (mit Quellen) (Jaffe 7537). Schreiber I 222 f will die Innozenzbulle nicht für den Orden sondern nur an Citeaux adressiert gelten lassen. Er sucht dann vergeblich nach einer Befreiungsbulle von der Diözesansynode für den Orden unter Alexander III. Er übersieht dabei, daß sich die Filiation von Citeaux ziemlich sicher schon vor 1119 als solchen konstituierte, von Calixt II. als solcher bestätigt wurde und in der vorliegenden Bulle als "ordo cisterciensis" angesprochen wird. Vgl. auch Crieczorek G., Das Verhältnis des Papstes Innozenz II. zu den Klöstern. Greifswald (Dissertation) 1914.
347 (Jaffe 13848 13850) Tangl 230 I 12 (Jaffe 15422) Manrique III 171.
348 Bei Mahn 101, Anm. 1; Potthast 11640 und Stams (Hs 21) H X 2
349 Canivez, Statuta 1161
350 Vgl. Müller, In levi culpa: Cist. 33 (1921) 177 ff
351 Schreiber I 223
352 Canivez, Statuta VIII 532 f
353 Schreiber I 190
354 Canivez, Statuta 1211.7 1212.14.27
355 Manrique IV 472
356 Tangl, Formelsammlung nr 16, vgl. Henriquez 64, Wiederholt: Potthast 11636 11646 (= Compilatio priv. 38 = Liber quorundam priv.

f 17) 11976 12133 (mit dem Vermerk: " ... sicut olim et in posterum ...") 12678 13103 13816.
357 Henriquez 69 (Potthast 15810)
358 Grill, Ein erster Reformversuch 50
359 Schreiber I 28 85. Scheuermann 64. Wir haben unsere Bedenken gegen die Auffassung Schreibers bereits in der Besprechung des Exemtionsbegriffs darzulegen und zu begründen versucht. Bei eingehender Prüfung der Bullen an den Orden stößt man mit dieser Auffassung auf unüberwindliche Schwierigkeiten.
360 "locum igitur illum quem inhabitandum pro quiete monastica elegistis, ab omnium mortalium molestiis tutum ac liberum fore sancimus et abbatiam illic perpetuo haberi ac sub apostolicae Sedis tutela specialiter protegi ..." Marilier nr 21.
361 "Praesentis itaque decreti pagina interdicimus ne cuiquam omnino personae liceat statum vestrae conversationis immutare ... neque congregationem vestram astutiis quibuslibet aut violentiis perturbare." Ebda.
362 Natürlich ist es konstruiert anzunehmen, der Bischof wolle unter Zensuren eine Änderung der Observanz erzwingen. Diese Überlegung ist aber wichtig im Hinblick auf die Tatsache, daß der Papst in unserem Zeitraum ausnahmslos sich auf die Erhaltung dessen beruft, "quod ab origine noscitur observatum" (und ähnlich öfter). Alle Maßnahmen, alle Privilegien ergehen unter diesem Gesichtspunkt. Diesen Standpunkt bekundet die Kurie schon in den ersten Privilegienbullen an Citeaux. Daraus folgt notwendig, daß nach dem Geiste des Gesetzgebers alles, was gegen diese Observanz verfügt werden sollte, null und nichtig ist und umsomehr jeder Zensur, durch die ein untergeordneter Jurisdiktionsträger seine Verfügung erzwingen wollte. (Vgl. dazu Potthast 15807: Quod contra privilegia ordinis Cist indulta diffinitur, irrita esse vult.) Übrigens zählten es die Bischöfe nachweislich zu ihren Aufsichtsrechten, in Religiosenhäusern eine andere Observanz einzuführen. Vgl. Schreiber I 189.
363 Ders. 187
364 Vgl. oben Anm. 257 258. "Si qua igitur ecclesiastica saecularisve persona nostrae confirmationi huic et constitutioni vestrae temeritate aliqua obviare praesumpserit, tamquam religionis et quietis monasticae

perturbatrix, auctoritate beatorum Petri et Pauli et nostra, donec satisfaciat, excommunicationis gladio feriatur." Vgl. dazu Cist 28 (1916) 215.
365 Vgl. dazu Cist 46 (1934) 201 ff 246 ff
366 Schreiber I 217
367 Henriquez 63:" ... ut nullus episcopus seu alia persona ad synodos vel forenses cenventus nisi pro fide vos ire compellat aut in vos vel monasteria seu etiam personas dicti ordinis excommunicationis, suspensionis aut interdicti sententias promulgare praesumat; quae si promulgatae fuerint, tamquam contra sedis Apostolicae indulta prolatae, decernuntur p e r e a d e m privilegia irritae ac inanes."
368 Vgl. allgemein: W. Reichert, Das V$_e$rhältnis Papst Eugen III. zu den Klöstern. Greifswald 1912 (Dissertation).
369 Migne 180, 1541: "Sancientes etiam, ut propter communia interdicta terrarum, nulla ecclesiarum vestrarum a divinis compellatur officiis abstinere, sed liceat omnibus de ordine vestro excommunicatis eiectis clausius januis submissa voce fratribus suis divina celebrare sollemnia."
370 Schreiber I 208
371 Stams Hs 20. Migne 200, 592. Manrique II 478. Von Alexander IV. wörtlich übernommen, vgl. Anm. 341.
372 Die Nichtbeachtung dieses simplen Rechtsgrundsatzes, der sich freilich erst mit dem Anwachsen der päpstlichen Machtstellung auf breiter Front durchsetzen konnte, führte zu den verkrampften Konstruktionen um die Zisterzienserprivilegierung im 12. und 13. Jahrhundert. Sie verführte Schreiber aber auch zu jenem affektgeladenen, vulkanischen Ausbrüchen, wie man sie z.B. I 111 lesen kann: "Blumenstok sieht die große Zerklüftung des Schutzes ,.. nicht, weil er sich ständig eine Binde vor Augen hält mit seiner Annahme, daß die Befreiung von der Strafgewalt eine selbstverständliche Folge des Schutzverhältnisses bedeutete." Sicher hatte Blumenstok (a. a.O. 105 f) unklare Vorstellungen vom Umfang dieser Befreiung, aber warum sollte es nicht möglich und notwendig sein, daß mit dem Schutzprivileg auch Straffreiheit(für die libertas, die der Schutz gewährte), wenn auch keine totale, verbunden war. Im folgenden Satz aber interpre-

tiert Schreiber schon seine Gleichung Exemtion = Befreiung von der Strafgewalt des Bischofs, hinein: "Er (nämlich Blumenstok) faßt die E x e m t i o n als einen integrierenden Bestandteil des päpstlichen Schutzrechtes." Was sagt Blumenstok wirklich? Er neigt dazu, die Befreiung von der bischöflichen Strafgewalt als selbstverständliche Folge des Schutzes zu sehen und dies der allgemeinen Neigung zu Exemtionen zuzuschreiben. Seine Aussagen sind also unklar in Bezug auf Umfang und Grund der Strafbefreiung, ahnen aber, daß die Strafgewalt des Bischofs jener neuralgische Punkt ist, wo sich materiellrechtliche Privilegierung und solche von den geistlichen Gewalten des Bischofs überschneiden. Denn eine chemisch reine Scheidung der Strafgewalt des Bischofs von der einen wie von der andern gibt es nicht, es sei denn, man konstruierte das Monstrum von einem Privileg des Papstes, dem gegenüber der Bischof das Recht hätte, seinen Gebrauch durch Zensuren zu verhindern und den Privilegierten von der Kirche auszuschliessen, weil er sich an ein päpstliches Privileg hielt. Schreiber aber glaubt, diese chemisch reine Scheidung vornehmen zu können. Und die Folge?
Auffallend ist bei beiden, daß ihre Ergebnisse sich mit einigen (besonders Zisterzienser-) Dekretalien der Päpste nicht restlos decken. Die Forscher werden dadurch gezwungen, der Kurie einschneidende Änderungen in der Privilegientheorie zuzuschreiben, ohne dafür durchschlagende Beweise erbringen zu können."
(<u>Mathis</u> 4)Das gilt besonders für die Luciusbulle.

373 <u>Schreiber</u> hat den ähnlichen Passus in der Luciusbulle merkwürdigerweise ganz anders verstanden als dieser. Er suchte vergeblich nach einer Exemtionsbulle, auf die sich dieses "hactenus liber extitit" beziehen könnte und schwächt es dann durch historische Gründe ab. (<u>Schreiber</u>, Exemtion 93) Da er inhaltlich gleich schon in dieser Bulle Alexanders von 1169 steht, kommen nur die Grunddokumente als gemeinte Urkunden in Frage: Observanzbestätigung und vom Papst sechsmal bestätigte CC. So hat Schreiber diesen Passus in der Alexander-

169

bulle auch verstanden.
374 Schreiber, Studien 97 f
375 Stams Hs 20 (als erste Bulle angeführt!) Henriquez 57
     Manrique III 131. Migne 201, 1301 (Jaffe
     15118) Wiederholungen: Jaffe (15116?)
     15332 15800 15731. Öfter auch innerhalb
     anderer Privilegienbullen. Stams H IV nr 1.
376 Mathis   5   f
377 Blumenstok 103 - 107
378 Scheuermann 63 f
379 Turk 29
380 Spahr,   Citeaux 1208
381 Schreiber, Exemtion 93. Vgl. Schreiber Gemeinschaften.
     378 f. Mahn 148 ff.
382 Auch Innozenz IV. (Henriquez 63) und Urban IV (Henri-
     quez 72) zitieren ihn. Vgl. Anm. 345
383 Da die Sacrosancta-Bullen wiederum im Grunde nur die
     eine wenn auch erweiterte CC bestätigen,
     die durch Calixtus II. erstmals bestätigt
     wurde, wäre die Bemerkung Schreibers auch
     hier anzuwenden. (vgl. Anm. 372).
384 Henriquez 55
385 Blumenstok 141
386 Potthast   3658
387 Ders. 3659
388 Ders. 3686
389 Ders. 3687
390 Ders. 5714
391 Henriquez 74
392 Manrique   IV, 146 (Potthast 5950 7282 7632). Ferner
     Stams, Hs 20 H XVI, 1. Manrique 160,
     Henriquez 59, Potthast 6237 6772 6788 6839
     Verbot an die Legaten, die Zisterzienser
     zu zwingen, ihre eigenen Klostergründer
     oder Nachbarn und Wohltäter zu zensurieren
     müssen: Manrique IV 471, Potthast 9387 9779
     13871 Stams Hs 20. Stams H X, 1 und viel-
     leicht 3.
393 Stams Hs 20. Henriquez 63 (Potthast 11640 11648 12052
     12134 13100 13101 13818 13830 13909 13910
     13985 14092). Stams H X, 2
394 Henriquez 72. Urban IV. hat mit geringen Änderungen
     hier die Bulle Innozenz IV. aus dem Formel-
     buch (bei Tangl 254 XIII) ausgestellt.
395 Migne   180, 1541: ... ne aliqua persona fratres ordi-
     nis vestri audeat ad saecularia judicia
     provocare" Ähnlich die übrigen vgl. No-
     masticon 78 ff.
396 Schreiber I 211
397 Ders. I 212
398 Ders. I 213
399 Manrique III 171
400 Schreiber I 194, Anm. 4

401 Ders. 195
402 Marilier nr 174
403 Potthast 13967: Abbati Cistercii eiusque coabbatibus
         et conventibus universis Cisterciensis
         ordinis declarat, decretalem per ipsum
         contra exemtos confectam, qua statuit,"ut
           exempti quantacumque gaudeant libertate,
           nihilominus tamen ratione delicti vel con-
           tractus aut rei de qua contra ipsos aga-
           tur, rite possint coram locorum ordinariis
           conveniri", nullum ordinis libertatibus et
           immunitatibus praeiudicium affere. 14298
           14339 (unter Innozenz IV.) 15997 16148
           16247 16267 (unter Alexander IV.)
404 Hefele V   893
405 Stams Hs   20 (Potthast 5412 8099 13196 13796)
406 Schreiber   I 206
407 Migne 200,   592 (Jaffe 11632)
408 Henriquez   70 (Potthast 17896)
409 Migne 182,   276
410 Schreiber   I 84
411 Manrique   I 76 f: "Ego, Hugo Pontiniacensis Abbas
                    subjectionem, reverentiam et oboedientiam
                    a sanctis Patribus institutam
                    secundum regulam sancti Benedicti
                    tibi, Domine Humbalde episcope, tuisque
                    succesoribus canonice substituendis et
                    sanctae
                    sedi Antissiodorensi,
                    salvo ordine nostro,
                    perpetuo me exhibiturum promitto.
412 Ders. I 76 f: "Porro autem hunc modum professionis a
                    primis nostris patribus firmatum lege, ut
                    omnes sub eodem tenore verborum profite-
                    rentur   idque   ante   editam
                    c h a r t a m   c h a r i t a t i s ,
                    p r a e s c r i p t a   forma visitatio-
                    num et electionum, quam post eidem chartae
                    inseruerunt, non pauci gravesque auctores
                    affirmant."
413 "Atque hoc esse decretum illud celebre inter matrem et
                    filias exaratum firmatumque ostendendum
                    episcopis ante cuiusque domus fundationem,
                    ut gratum ratumque illud haberent."
414 Hümpfner   19 ff
415 Schreiber   I 143
416 Canivez,   Citeaux 757
417 A.a.O. I 138. Er verweist auf die Einführung des "nul-
           li emancipatus".
418 Schreiber, Studien 89, Anm. 3
419 Henriquez 57. Manrique III 171. AkathKR 79, 223
420 (Potthast 7339) Manrique IV 268
421 43 X 5,3

422 14 X 5,33 (Potthast 1951) vgl. Blumenstok 134 f
423 Cist 22 (1910) 356. Mahn 138, Anm. 5
424 Vgl. z.B. Potthast 1018 1409 2901 2912 4727, Innozenz III. hat die Zisterzienser besonders für die Kreuzzugspredigt und die Wendenmission verwendet.
425 Lekai 199
426 Henriquez 81 f
427 Frech 18 f; vgl. Griesser, Eine juridische Instruktion. Ender, G. Die Stellung Calixt II. zu den Klöstern, Greifswald 1913 (Diss.)
428 Frech 19 f
429 Stams,Hs 20. Henriquez 55. (Jaffe 14269). Wiederholt Potthast 15930 16149 16192 16249
430 Stams,Hs 20. Henriquez 58 f. (Potthast 5618)
431 Grundprivileg mit Jurisdiktion für die Äbte: vgl. Anm. 429. Delegationsvollmacht für den Prior: Tangl (Formeln 228 ff) nr 25, Stams Hs 20. Henriquez 62 (Potthast 9375) wiederholt Potthast 9788 11255.
432 "Abbatibus, praepositis, prioribus super monasticum ordinem (Cystersiensem) constitutis plenam dat auctoritatem super omnes negligentias temporum et casus praeter solum homicidium, periurium manifestum, sacrilegium, effusionem sanguinis ex deliberato factam d i s p e n s a n d i , n e f o r i s v a g a n d i d e t u r o c c a s i o . Potthast 11663.
433 Compilatio 43. Koendig 276 (teilweise) (Potthast 16033) Vgl. Frech 24
434 "... saepe contingat propter vestram et priorum ipsorum absentiam illos, qui in huiusmodi sententiam incidunt, diutius in ipsa, non sine animarum suarum periculo remanere... Super his vices ipsas etiam aliis discretis ac litteratis vestri ordinis sacerdotibus absentibus vobis committere, prout expedire videritis valeatis vobis auctoritate praesentium plenam concedimus facultatem." Henriquez 67 (Potthast 15663) Collecta quorundam priv. f 20. Wiederholt Potthast 16147 16266.
435 Collecta quorundam priv. f 20b. Henriquez 68. Potthast 15745. Vgl. dazu Griesser: Eine juridische Instruktion ...
436 Frech 24. Er findet es in Nomasticon (Sejalon) 388; Burghoff 8
437 Koendig 866
438 Frech 24, Anm. 2
439 Henriquez 55 (Jaffe 14269). Compilatio 27 Stams Hs 20
440 zitiert bei Koendig 276

441 Nomasticon 496
442 Vgl. Frech 24, Anm. 5
443 Vgl. Hofmeister, Mönchtum 268 ff. Lekai 199
444 "Zisterzienser" 378
445 Schreiber II 282
446 Mansi XXI 1094; 1 X 2,5 (Jaffe 13851)
447 4 X 3,22 (Jaffe 13852)
448 Stams Hs 20
449 Vgl. Griesser, Wirtschaftsordnung; Lekai 58-62; 232 - 242
450 Henriquez 63 f aus Collecta fol 16 b; im Formelbuch bei Tangl 256 nr 15. Wiederholt 12605 15210
451 Potthast 9755 9843 10475
452 Koendig 247 f, erwähnt 282
453 Manrique II 357
454 Tamburini Ascanius T.I.disp.15 quaes.4 nr 7
455 Miraeus Aubertus 166 f
456 Choppin René, De sacra politia Forensi lib.2 tit.3 nr5
457 Cist 22 (1910) 356
458 Vaussin 10, nach Benz: Cist 22 (1910) 356. Heute sehr selten vgl. Cist. 26 (1914) 308, Anm. 87. Compilatio 48. Erwähnt bei Koendig 281 (Potthast 17070)
459 Choppin, Monasticon 118
460 Stams, H VIII, 2 und H VIII 3
461 Schreiber I 89. So schon Manrique II 357 f. Dagegen ist sie für Tamburini, Miraeus und Choppin die Exemtionsbulle des Ordens.
462 Manrique II 350. Canivez,Statuta 1161.
463 Vgl. Cist. 34 (1922) 25
464 Manrique II 358
465 Müller, Vom Zisterzienserorden 56
466 Migne 200, 1004 (Jaffe 12412)
467 Tamburini 3, disp 12, quaes 2, nr 1 und 2 (S.247) Jaffe 13847. Vgl. Schreiber I 90
468 Tangl, Die päpstliche Kanzleiordnung (Liber cancellariae apostolicae XLIV. Er ist ein Nachfahre des Liber Diurnus zur Zeit Gregor d. Gr.)
469 Tangl 256, Formel XV
470 Tangl XXXIX f
471 Du Cange VIII, "tenere".
472 Derselbe IV, "firmarius" 1. Vicarius seu presbyter cui ecclesia deservienda committitur.
2. Monachus, cui ad tempus praepositura regenda dabatur ab abbate.
Diese "praepositura" kann u. a. das Amt des Cellerars sein, also die Verwaltung der zeitlichen Güter.

Derselbe VII, "serviens" = minister, famulus.
a) ... seu servientes fratres in ordinibus Hospitaloriorum, Templariorum et Teutonicorum Militum, dicti qui non ex genere militari vel nobili, in eodem ordine militabant."

473 Vgl. Tangl 256 XV (oder Henriquez 63 f) mit der Bulle.
474 Derselbe XXXIX ff
475 Cist 22 (1910) 356
476 Stams, H IV, 3
477 Potthast 15239
478 Vgl. die Indulte an Einzelklöster Potthast 9755 9843 10475. Dazu 15664 (Henriquez 67 = Compilatio 46), wo auf den Grangien, die weit vom Kloster entfernt sind, die Erlaubnis zum Gottesdienst und zur Verrichtung des Chors erteilt wird, aber mit Ausschluß der Pfarrangehörigen und unbeschadet aller Pfarrechte.
479 Scheuermann 67
480 Henriquez 57. Manrique III 171 (Jaffe 15686). Wiederholt 15769 15813 15844 15851 15888. Vgl. auch Zündass G., Das Verhältnis des Papstes Urban III. zu den Klöstern. Langensalza 1919. (Greifswalder Dissertation)
481 Potthast 1052 6235 5957
482 Tangl 232 XXII
483 Potthast 12130 12600 12703 13013 13104 13823 13967 14298 14339 14765
484 Potthast 15997 16148
485 Potthast 16336
486 Ders. 18167 (20826 25198 später) noch Klemens IV. Koendig 290 f
487 6 X 1,3 Koendig 254 f. Vgl. auch Schreiber I 268
488 Tangl 239 XIX. Potthast 8103 (Stams,Hs 20; Henriquez 61; Manrique IV 349; Koendig 264 f und 474; Compilatio 33)Vgl. auch Tangl LXXVI, 27
489 Potthast 13967 (Collecta fol 18b = Compilatio 13967) 16022 16241. Tangl LXXVII nr 28. Potthast 16665. Henriquez 71 = Koendig 283.
490 Jaffe 15807 (Pflugk-Harttung I 335, III 335 not. 3)
491 Vgl. Anm. 149 und Migne 161, 541 ff und 1171 ff. Cf EP c.4
492 Migne 161, 548
493 Ders. 161, 547 f 582
494 Ders. 161, 568 1171
495 Ders. 161, 582 1172
496 Ders. 161, 1172
497 Ders. 161, 544
498 Hümpfner 19: "Cartam vero caritatis et unanimitatis inter novum monasterium et abbatias ab eo propagatas compositam et corroboratam idem

		pontifex et canonicorum conventus ratam per omnia habuerunt."
499	Migne 161,	548: Visitandi exhortandique gratia ad monasterium quoties placuerit, ab antistite civitatis accedatur. Ders. 161, 564 ... frequenter visitent.
500	Migne 161,	565: ... si quid extra regulam fecerint, ab episcopis corrigantur... Saepius in anno visitent ... et si quid corrigendum fuerit, corrigatur.

Ders. 161, 570: Si quis autem abbas cautus in regimine, humilis, castus, sobriusque, misericors, discretus non fuerit, ac divina praecepta verbis et exemplis non ostenderit, ab episcopo, in cuis territorio consistit, et a vicinis abbatibus, et caeteris Deo timentibus, a suo deponatur (arceatur) honore ...

Die Parallele zum Kap. neun der CC 1 ist nicht zu übersehen.

501	Migne 161, 566: Episcopus non debet abbatem ad synodum ire, nisi aliqua rationabilis causa consistat. Vgl. Anm. 344.
502	Damit sei nicht behauptet, daß nichts geschehen ist. Z.B. Spahr, De fontibus constitutivis primigenii iuris constitutionalis S.O. Cist. Dissertatio ad lauream doctoralem a Pontif. I. U. I. petendam, 1953. (Ungedruckt) Sie stand uns leider nicht zur Verfügung. Wie wenig aber geschehen ist, zeigt das erzwungene Schweigen über das Privilegienrecht des Ordens in einem der neuesten Werke des Zisterzienserordensrechts (Hermans 420). Erzwungen durch das Fehlen der Untersuchungen.

Anhang 1

<u>Stams:</u>　Cod. 17, Fol. 1'r (Vorsatzblatt)

Ex dictis s.Gregorii pp. ad marianum archiepiscopum ravenne. Statuimus secundum priorem/ diffinitionem, ut monasteria nullomodo ex suis prediis cogantur ab episcopis/ decimas dare, quasi legittime dande non sunt nisi orphanis et peregrinis,/ indignum valde est, ut ab eis exigantur: qui propter est cuius decime sunt / pauperes efficiuntur. Nam si pauperes sunt domini hereditas, pauperibus est/ eroganda. Et illis videlicet qui pro eius amore cue possidere poterant / amittunt, eumque nudi sequentes, potestati alicuius se in monasterio/subdunt. Unde ammonendo precipimus, ut nullam a te molestiam fili / karissime paciantur. Certam habemus predecessorum nostrorum constitutionem / et regulam, nichil in hoc mundo habentibus decimas et oblationes mor / tuorum et vivorum convenire: qui spontaneam paupertatem eligentes, in monas / terio sub imperio degere volunt. In quibus cristus alitur, vestitur et/ pascitur. Epistola beati Gregorii pp. ad castorium episcopum ariminensem./ et ad omnes episcopos catholice viventibus, ut monasteria ex suis rebus: nec per quemlibet exterum ordinentur, neque ibi misse publice per episcopum/ celebrentur, et ut nulle ecclesie ipsa monasteria subiciantur. / ille certus et opinatissimus ac doctor egregius in libro de civi / tate dei Augustinus quodam in loco tractans de decimatione levitici libri / ita fatur inter cetera. Legittime quoque decime atque primicie non sunt / ut ex antiquo more sanctita relatorum virorum, seniorum apostolicorum virorum / dande comperimus nisi <u>peregrinis</u> pauperibus et servis dei monachis videlicet / atque peregrinis. Quod quia modernis nescio quibi (quibus?) sda. insufflantibus / et invidentibus cristiane religioni omnino more displicet, omnino / frivolum iudicemus.

Anhang 2

<u>Stams</u>: Archiv, App. H.VIII.n.3. - Priv.Pgt. (Mit Textvergleich)

....Vera bulla plumbea sanctissimi in xristo patris et domini/ bone memorie domini Alexandri pape quarti sub filo serico more Romane curie, ut prima facie videbatur / bullatarum quarum litterarum tenor de verbo ad verbum talis est. Alexander Episcopus servus servorum dei. Dilectis filiis / abbati Cystercii eiusque coabbatibus et conventibus universis Cysterciensis ordinis salutem et apostolicam benedictionem. <u>Exparte / siquidem^a vestra fuit propositum coram nobis quod nonnulli ecclesiarum prelati vestris libertatibus invidentes^c</u>, cum eis non liceat / ex apostolice sedis indulto in vos^b <u>excommunicationis vel interdicti sentencias promulgare</u>, aut^f in tenentes seu firma/rios ad annuum redditum terrarum vestrarum extraneos et eas proprio nomine excolentes <u>vel alios^d vobis communicatos^{e}senten/tias proferunt memoratas^g, non vim et potestatem privilegiorum vestrorum,^{h}</u> considerantes ^{i} <u>vos quodammodo excommunicant, dum/vobis alios communicare non sinunt, et ex hoc iudicari videmini iudicio iudeorum, et ^{k} illud evenit inconveniens quod ma/iorem excommunicationem incurrant, quam^l excommunicationem fuerant incursuri</u>. Quia vero nulle littere firmitatem habent / quas tacito nomine cisterciensis ordinis contra tenorem Apostolicorum privilegiorum constiterint impetrari. <u>Quare nobis humiliter / supplicastis ut providere quiete vestre super hoc paterna sollicitudine curaremus. Nos igitur^m vestris supplicationibus^n inclinati,/ ne quis predictorum^{o}huiusmodi sententias in fraudem privilegiorum apostolice sedis de cetero promulgare presumat, auctoritate/presencium</u>, decernimus^p eas non teneri.^{q} Insuper vobis et ordini vestro concedimus, quod firmarii seu tenetes vestri in terris / vestris situati a iurisdictione cuiuscumque iudicis ordinarii ecclesiastici sint quieti, et liceat vobis decetero in^r capitulo

177

vestro/in[s]adulteriis et aliis fornicationibus coram vobis seu[t] commissariis vestris[u] corrigere ac eciam divina audire in/capellis vestris.[v] et ecclesiastica sacramenta recipere[w] tam infra quam extra monasteriorum vestrorum septa situatis. Et/nihillominus cum dicti tenentes seu firmarii obierint, liceat vobis[x] testamenta sua in capitulo vestro coram vobis vel commissariis vestris probare ac etiam pueros eorundem in dictis capellis baptizare. Sane si quis[y] Archiepiscopus, Episcopus, Archidiaconus, Decanus aut aliquis eorum[z] officialis propter hoc in vos vel in monasterium [aa]vestrum [bb]/ ecclesias seu capellas vestras, tenentes [cc] aut firmarios vestros in terris vestris situatis, vel in sacerdotes vestros/ nomine vestro in ecclesiis seu capellis vestris ministrantes aut ecclesiarum ministros aliquam sententiam protulerint, [dd] illam omnino non valere censemus. [ee] <u>Nulli ergo omnino hominum liceat hanc paginam nostre concessi/onis infringere vel ei ausu temerario contraire. Si quis autem hoc **attemptare presumpserit**, indignationi omnipotentis dei et beatorum Petri et Pauli Apostolorum eius se noverit incursurum.</u> Datum Biterbii Idus [ff] / Novembris Pontificatus nostri Anno tercio.- Et in eodem instrumento infra seperatim longe a superiori scriptura / circa signum notarii erat subscriptum talibus verbis Et ego Adam De Lingenst.

A n h a n g   3   (=U)

<u>Stams:</u> Archiv, App. H.VIII.n.2. - Orig.Pgt.

Universis xristi fidelibus maxime personis ordinis Cisterciensis ... büllam / sanctissimi in xristo patris nostri domini bonifacii pape noni sub fili cerico et sigillo plumbio dependente non rasam sed integram in nullo viciatam ut nobis aparuit Innovacionem cuiusdam privilegii beate memorie domini / Alexandri pape quarti eidem ordini concessi continentem sub eo qui sequitur tenore. Bonifacius episcopus servus ... ... privilegia rationabilibus causis concessa si forsan vetustate aut negligencia consummatur cum illud debite requiritur innovacione restauret et auctoritate fulciat innovata. Sane dudum felicis recordationis / Alexander papa III. us **predecessor noster** abbati monasterii Cistercii Cabilonensis diocesis eiusque coabbatibus et conventibus universis Cisterciensis ordinis privilegium infra scripti tenoris concessit prout in ipsius predecessoris litteris inde/confectis plenius contenetur. Cum autem sicut exhibita nobis nuper pro parte dilectorum filiorum Abbatis et conventus monasterii de Lanternam Landanencensis diocesis peticio continebat ipsi pro defensione eorum monasterii et aliis certis causis .../... supplicatum ut huiusmodi letteras dicti predecessoris innovare de benignitate apostolice dignaremur. Nos igitur huiusmodi supplicationibus inclinati predictas litteras quarum/tenor de verbo ad verbum inferius annotatur et quas diligenter inspici fecimus auctoritate apostolica innovamus et presentis scripti patrocinio (?) communimus. Per hoc autem nullum alicui de novo ius acquiri voluimus / sed antiquum **tantummodo** conservari. Tenor vero dictarum letterarum talis est. Alexander episcopus servus servorum dei dilectis filiis abbati Cistercii eiusque coabbatibus et conventibus universis Cisterciensis ordinis salutem et apostolicam benedic/tionem. Ex parte siquidem

vestra fuit propositum coram nobis quod nonnulli ecclesiarum
prelati vestris libertatibus invidentes cum eis non liceat
ex apostolice sedis indulto in vos excommunicationis vel
interdicti sentencias / promulgant aut in tenentes seu
firmarios ad annuum redditum terrarum vestrarum extraneos
et eas proprio nomene excolentes.
Universis xristi fidelibus maxime personis ordinis Cisterciensis ad quos presentes littere pervenerint. Frater Wal-
terus Abbas de Ryngeswode eiusdem ordinis Wigoriensis diocesis salutem in domino eternam. Noveritis nos diligenter in-
spexisse quondam bullam/sanctissimi in xristo patri nostri
domini bonifacii pape nobi sub filo cerico et sigillo plumbio dependente non rasam sed intergram in nullo viciatam ut
nobis aparuit Innovationem cuiusdam privilegii beate memorie
domini / Alexandri pape quarti eiusdem ordini concessi continentem sub eo qui sequitur tenore. Bonifacius episcopus servus servorum dei ad futuram rei memoriam apostolice sedis
circumspecta solertia ad id libenter intendit ut sedis /
Eiusdem privilegia rationabilibus causis concessa si forsan
vetustate aut negligentia consummatur (?) cum illud debite
requiritur innovatione restauret et auctoritate fulciat
innovata. Sane dudum felicis recordationis / Alexander papa
IIIIus predecessor noster abbati monasterii Cistercii Cabilonensis diocesis eiusdem coabbatibus et conventibus universis Cisterciensis ordinis privilegium infra scripti tenoris
prout in ipsius predecessoris litteris inde / confectis
plenius continetur. Cum autem sicut exhibita nobis nuper
pro parte dilectorum filiorum abbatis et conventus mona -
sterii de Lanternam Landavensis diocesis peticio continebat
ipsi pro defentione eorum monasterii et aliis certis/ causis litteris huiusmodi prefati predecessoris plurimum in-
digere noscantur. Sed quia littere ipse   vetustate consumi eas in iudicio et alibi cum expedit produ-
cere dubitant pro parte ipsorum abbatis et conventus monasterii de Lanternam nobis fuit humiliter supplicatum ut

huiusmode litteras dicti predecessoris innovare de benignitate apostolica dignaremur. Nos igitur huiusmodi supplicationibus inclinati predictas litteras quarum / tenor de verbo ad verbum inferius annotatur et quas diligenter inspicifecimus auctoritate apostolica innovamus et presentis scripti pro.. io communimus. Per hoc autem nullum alicui de novo ius acquiri voluimus/sed antiquum tantummodo conservari. Tenor vero dictarum litterarum talis est. Alexander episcopus servus .. vel alias vobis communicant sentencias proferrunt memoratas, non vim et potestatem privilegiorum vestrorum / attendentes vos quodammodo excommunicant dum vobis alios communicare non sinunt et ex hoc iudicari videnium iudicio iudeorum et illud evenit inconveniens quod maiorem excommunicationem incurrant quam excommunicationis sententiam / fuerant incursuri. Quia vero nulle littere firmitatem habent quas tacito nomine Cisterciensis ordinis contra tenorem apostolicorum privilegiorum constituerint impetrari. Quare nobis humiliter supplicastis ut providere / quieti vestre super hoc paterna solicitudine curaremus. Nos igitur vestris supplicationibus inclinati ne quis predictorum huiusmodi sentencias infraudem privilegiorum apostolice sedis de cetero promulgare presumat auctori/tate presentium decernimus eas non teneri. Insuper vobis et ordini vestro concedimus quod firmarii seu tenentes vestri in terris vestris situati a iurisdictione cuiuscumque iudicis ordinarii ecclesiastici sint quieti/et liceat vobis de cetero in capitulo vestro in adulteriis et aliis fornicationibus coram vobis seu commissariis vestris corrigere ac etiam divina audire in capellis et ecclesiastica sacramenta recipere tam infra quam extra monasteriorum vestrorum septa situatis. Et nichilominus cum dicti tenentes seu firmarii obierint liceat vobis in capitulo vestro testamenta sua coram vobis vel commissariis vestris probare ac etiam pueros/ eorumdem in dictis cepellis baptizare. Sane si quis archiepiscopus episcopus archidiaconus deca-

nus aut aliquis eorum officialis propter hoc in vos vel in
monasterium vestrum ecclesias seu capellas (vestras) tenentes/aut firmarios vestros in terris vestris situatos vel in
sacerdotes vestros nomine vestro in ecclesiis seu capellis
vestris ministrantes aut ecclesiarum ministros aliquam
sententiam protulerint illam omnimo non / valere censemus.
Nulli ergo omino hominum liceat hanc paginam vestre concessionis infringere vel ei ausu temerario contraire. Si
quis autem hoc attemptare presumpserit indignationi (omnipotentis) / dei et beatorum petri et pauli apostolorum eius
se noverit incursurum.
Datum viterbii Idus Novembris
Pontificatus nostri anno tercio. Nulli ergo omnino hominum
liceat hanc paginam nostre innovationis et (confir-)/ mationis et voluntatis infringere vel ei ausu temerario contraire. Si quis autem hoc attemptare presumpserit indignationi
omniptentis dei et beatorum Petri et pauli apostolorum
eius se noverit incur (surum). Datum Rome apud sanctum
petrum XI. kl. aprilis pontificatus nostri anno nono. Datum
sub sigillo nostro die beate Margarete virginis et martiris in monasterio de Laternam.

innovationis vidimus audivimus et diligenter exanimavimus
Anno domini millesimo CCC^{imo} nonogesimo octavo in fidem et
testimonium omnium premissorum presentibus venerabili patre
          / et diversis aliis de conventu una cum Magistro Henrico Cromup sacre theologie professore cum diversis aliis Interlineare et rasuras ex negligentia scriptoris
facta approbavimus.

Archiv.-Repl.: Copia Innovationis et confirmationis bulle
Alexandri IIII^{ti} super iurisdictione firmariorum et tenentium

Textkollation unter Zugrundelegung der Hs H VIII, 3
des Stiftarchives Stams.

A) <u>Abkürzungen für den Textvergleich.</u>

C = <u>Choppin</u> René, De sacra politia forensi libri
      tres Paris ²1624. Lib.2. tit.3.nr.5

M = <u>Manrique</u> II 35 f
Mi = <u>Miraeus</u> Aubertus 166 f
P = <u>Privilegium commune Tangl</u> 256 XV = <u>Henriquez</u> 63 f
      nr 19.
T = <u>Tamburini</u>, I, disp XV, quaes. 4, nr 7.
U = <u>Stams</u> App. H VIII, 2. (siehe Anhang 3)
Die dem P entnommenen Teile sind <u>unterstrichen</u>.

B) <u>Textabweichungen von der Urkunde: Stams App. H VIII, 3</u>
(Notariell beglaubigte Abschrift aus dem Jahre 1405
einer älteren notariell beglaubigten Abschrift von
1353).

a	Fehlt in C, Mi, M.
b	T in nos
c	P hat einen andern Personenkreis: "in familiares, servientes, et benefactores, ac illos, qui molunt in molendinis, vel coquunt in furnis vestris, quique vendendo, seu emendo
d	C, Mi, P, T, U alias
e	E, M, Mi, P, T, U communicantes
f	C, M, Mi, T haben "aut" nicht.
g	P sicque. Bei C, M, Mi, T fehlt non vim ... curaremus.
h	non vim ... vestrorum nur bei P und U
i	U attendentes. P sed sola verba servantes
k	P qui vobis communicant in praedictis
l	P excommunicatis excommunicando fuerant incursure
m	C, M, Mi, T vero
n	C, M, Mi, T supplicationibus vestris
o	C, M, Mi, T praelatorum
p	P praesentium inhibemus: decernentes, eas si per praesumptionem cuiuspiam taliter promulgari contigerit, irritas et inanes.
q	C, M, Mi, T tenere
r	M, Mi et
s	C, M, Mi, T de
t	C, M, Mi, T aliis Commissariis

u	C, M, Mi, T	eos corrigere
v	U	ohne "vestris"
	C, M, Mi, T	"ac iisdem firmariis, tenentibus, seu servientibus in capellis vestris sacramenta ministrare, tam intra, quam extra monasteriorum vestrorum situationem et cet.." (fehlt) Sane si
x	U	.. in capitulo vestro testamenta sua ...
y	C, T	(archiepiscopus ... ecclesiarum ministros)
z	M, Mi	eorumdem officiorum fehlt
aa	M, Mi	monasteria
bb	M, Mi	vestrum fehlt
cc	M, Mi	"firmarios, aut servientes vestros situatos"
dd	M, Mi	protulerit
ee	C, M, Mi, T	Nulli ergo ... Datum Biterbii. - fehlt
ff	C, M, Mi, T	Idibus

EUROPÄISCHE HOCHSCHULSCHRIFTEN

Reihe XXIII   Theologie

Nr. 1   Klaus Spichtig, Freiburg: Mittelschüler und kirchliche Bindung. Eine pastoralsoziologische Studie. 248 S. 1970. sFr. 30.–
Nr. 2   Werner Schatz, Genf: Genesis 14. Eine Untersuchung. 384 S. 1972. sFr. 48.–
Nr. 3   Claus Bussmann, Bochum: Themen der paulinischen Missionspredigt auf dem Hintergrund der spätjüdisch-hellenistischen Missionsliteratur. 216 S. 1971. DM 38.–
Nr. 4   Dieter Eichhorn, Marburg: Gott als Fels, Burg und Zuflucht. 143 S. 1972. DM 28.–
Nr. 5   Gunda Schneider-Flume, Tübingen: Die politische Theologie Emanuel Hirschs 1918-1933. 174 S. 1971. DM 32.–
Nr. 6   Werner Sommer, Basel: Der menschliche Gott Johann Peter Hebels. Die Theologie Johann Peter Hebels. 1972 S. sFr. 36.–
Nr. 7   Juan Peter Miranda, Tübingen: Der Vater, der mich gesandt hat. Religionsgeschichtliche Untersuchungen zu den johanneischen Sendungsformeln. Zugleich ein Beitrag zur johanneischen Christologie und Ekklesiologie. 456 S. 1972. DM 52.–
Nr. 8   Ernst Josef Nagel, Bochum: Zu den sozialtheologischen Grundlagen der Entwicklungs- und Friedenspolitik. 173 S. 1972. DM 32.–
Nr. 9   Wolfgang Sommer, Berlin: Schleiermacher und Novalis. Die Christologie des jungen Schleiermacher und ihre Beziehung zum Christusbild des Novalis.(In Vorbereitung/In Preparation) DM 28.–
Nr. 10 Hans Hubert, München: Der Streit um die Kindertaufe. Eine Darstellung der von Karl Barth 1943 ausgelösten Diskussion um die Kindertaufe und ihre Bedeutung für die heutige Tauffrage. 215 S. 1972. DM 40,–
Nr. 11 Johannes Kadowaki, Rom: Cognitio Secundum Connaturalitatem Iuxta S. Thomam. (In Vorbereitung/In Preparation). DM 36.–
Nr. 12 Ebermut Rudolph, Marburg: Schulderlebnis und Entschuldung im Bereich säkularer Tiertötung. Religionsgeschichtliche Untersuchung. (In Vorbereitung/In Preparation). DM 28.–
Nr. 13 Friedrich Pfurtscheller, Innsbruck: Die Privilegierung des Zisterzienserordens im Rahmen der allgemeinen Schutz- und Exemtionsgeschichte vom Anfang bis zur Bulle "Parvus Fons" (1265). Ein Überblick unter besonderer Berücksichtigung von Schreibers "Kurie und Kloster im 12. Jahrhundert". 205 S. 1972. DM 36.–

Preisänderungen vorbehalten.   ISBN 3 261 00821 0